基本がわかる／実践できる
Basic Textbook for Marketing

マーケティングの基本教科書

フォーカスマーケティング代表
蛭川 速
Hayato Hirukawa

日本能率協会マネジメントセンター

はじめに

　本書は、マーケティングの基本教科書として、以下の読者を対象としています。

・既に社会人経験はあるが、マーケティング業務を担う部門へ配置転換された中堅のビジネスパーソン（10年目〜）。
・学生時代にマーケティングの授業を受けた経験があり、３Ｃやマーケティングミックスなどのキーワードを聞いたことがあるものの、実務での使い方がわからない、苦戦している若手マーケター。

　したがって本書は、マーケティングを学問的に理解するのではなく、基本をおさえたうえで明日からマーケティング業務で活用するために、実践的な分析やスキルを習得することができる構成としています。
　ページをめくっていただけると、目次の後ろに各章のポイントを掲載し、さらに各章の冒頭にテーマの概略を示しています。マーケティング領域に必要な要素を体系的かつ俯瞰できるように工夫しています。
　本書で基本を身につけた後も、マーケティングを実践展開するうえでの参考書としてデスクに並べていただくことを想定して執筆いたしました。

　そのために本書の特徴（他書との違い）は以下の３点としています。

①わかりやすく基本を学ぶことができる
　デジタル分野が進展しているマーケティング分野であっても、その肝となる基本的な概念やフレームワークについては大きく変わりません。マーケティングの基本知識や分析方法について図解や事例をふんだんに用いてわかりやすく解説しています。

②明日からの業務で、実践活用できる

　基本を学んだだけでは実務で活用することは困難です。フレームワークや理論は現場の状況に応じてチューンナップが必要となってくるからです。本書は実践で活用できるように、ケーススタディでフレームワークの実務的な活用方法を示しています。

③継続的なスキルアップに活用できる

　マーケターとして活躍するには、実践経験と合わせて周辺の知識も学び、かつ継続的に学習していくことが求められます。マーケターとしてのスキルを高めるための情報源や必須スキルのポイントを巻末に「マーケターになるためのスキルトレーニング」として解説しています。

　本書が皆さまのマーケティング実践活動の一助になり、成果を出されることを祈念しております。

2019年3月

蛭川　速

Contents
目次──マーケティングの基本教科書

はじめに ……………………………………………………………………………… 3
各章のポイント ……………………………………………………………………… 11

第Ⅰ部 基本&実践編

第1章 マーケティングの基本知識

1 » マーケティングを考える視点 ……………………………………………… 18
- 様々な業種で取り入れられているマーケティング　18
- 様々な部門で求められているマーケティングマインド　18

2 » マーケティングの2つの本質 …………………………………………… 19
- 価値の創造　19
- 価値の伝達　21

3 » マーケティング理論のベース …………………………………………… 22
- マーケティングの神様フィリップ・コトラー　22
- マーケティングの推進プロセス　22
- ポジショニングによる差別化　24

4 » STPは必須のツール ……………………………………………………… 25

> Column 1　セオドア・レビットのマーケティング論 …………………………… 26

5 » セグメンテーションによる顧客分類 …………………………………… 27
- 顧客のグループ分け　27
- 2×2のマトリクスでセグメンテーションする　28

6 » ターゲティングによる顧客の絞り込み ………………………………… 31
- セグメントの評価軸　31
- 意思決定の「見える化」が大切　32

7 » 3C分析によるポジショニング設定 …………………………………… 33
- ポジショニングの視点　33

- USPでポジショニングに磨きをかける　35
- 顧客にはいくつもの選択肢がある　36
- 競合企業を3つの基準で整理する　37

8 » 4Pによるマーケティングミックスの検討　38
- マーケティングミックスの4P　38
- シナジー効果を発揮する　40

Column 2 アンダーアーマーが世界3位のブランドに成長した理由　42

第 2 章　価値創造──商品企画とブランディング

1 » 顧客の価値とは何か　44
- ベネフィットとコストのバランス　44
- ベネフィットの3段活用　45
- 多数の人が反応するベネフィットとは　46

2 » 価値創造の2つのアプローチ　47
- ニーズ先行型　47
- シーズ応用型　48
- 戦略的プロダクトアウト　48

3 » 商品・サービスのライフサイクル　50
- プロダクトライフサイクル　50
- 段階ごとの打ち手　51

4 » 価値創造のための「商品企画」　52
- 商品企画の第1プロセス：情報収集　52
- 第2プロセス：ニーズの探索　54
- 第3プロセス：アイデア発想　56
- 第4プロセス：コンセプト開発　60
- 第5プロセス：価格の決定　62
- 新商品価格設定の2つの方法　70

5 » 価値を高める「ブランディング」　72
- ブランドとは　72
- ブランド力を高める　73
- 強いブランドとなるために　73
- ロングセラーブランドの特徴　75

第 3 章 価値伝達——販売促進とチャネル展開

1 » 価値伝達としての「販売促進活動」 78
- 価値伝達の2つの活動　78
- 販売促進活動を考えるうえでのフレーム　78
- プロモーションコンセプトの作成手順　81
- パーチェスファネルによるプロモーションの検討　86
- Web マーケティングによる販売促進　89
- インバウンドマーケティングによる販売促進　90

Column 3 生活者の購買パターンを研究する 92

2 » 価値伝達としての「チャネル展開」 94
- 流通の役割　94
- インターネット時代の販売チャネル　95
- チャネルとの Win-Win の取り組み方　96
- 重点代理店の選定による営業効率の向上　98

Column 4 デジタルマーケティングとしてのオムニチャネルと O2O 101

第 4 章 情報収集と分析——マーケティングリサーチと仮説設定

1 » マーケティングデータの種類と情報収集のポイント 104
- 2次データと1次データ　104
- 効率的な情報収集4つのポイント　106

2 » Fact 把握のための3つの分析法 108
- トレンド分析　108
- 比較分析　110
- 相関分析　114

3 » 仮説設定のための Fact-Finding 117
- 生活者の統計データからの仮説設定　120

Column 5 SNS から定性データを収集する 121
- 定性データからの仮説設定　123

4 » 仮説検証のためのマーケティングリサーチ …… 124
- アンケート調査 124
- コンセプトテスト 125
- BtoBの仮説検証 126

第5章 戦略の立案と実行

1 » 戦略とは、重点化 …… 130
- 戦略とは何か 130
- 戦略と戦術、計画 131

2 » 戦略立案の基本プロセス …… 132
- 戦略の種類 132
- データ分析の重要性 133

3 » 自社をめぐる環境を分析する（環境分析） …… 134
- マクロ環境分析：PEST分析 134
- 業界環境分析：5フォース分析 137
- 企業環境分析（内部環境分析）140
- SWOT活用による現状分析 142

4 » マーケティング課題の設定 …… 143

5 » アクションプランへの落とし込み …… 146

- Column 6　ポーターの競争戦略論 …… 149
- Column 7　コトラーの地位戦略論 …… 151
- Column 8　アンゾフの成長マトリクス …… 154

第Ⅱ部　ケース編

Case 1　カップ焼きそばの新商品企画

1 » 現状を把握し問題を認識する …… 158
- 業界と会社の現状 158

- 打開案をどう考えるか？　160

2» ターゲットを選定する　160
- 顧客構造を把握しセグメンテーションする　160
- 客観的にターゲットを選定する　163

3» 商品コンセプトを考える　166

4» ターゲットの視座で価格を設定する　171

5» 販売チャネルを選定する　172

6» 販売促進について考える　174
- どの媒体にするか検討する　174
- 訴求内容を検討する　175
- SNSを有効活用する　176

7» コンセプトの受容性を調査する　177
- ネットリサーチで仮説検証する　177
- 調査企画書と分析計画書を作る　177

8» マーケティング計画とレビュー　180
- 社内の推進体制を整備する　180
- 効果検証を行い、振り返る　181

Case 2　ロボット掃除機の需要創造戦略

1» 国内消費低迷の中で、BtoBに活路を見出す　184

2» 戦略的プロダクトアウトでニーズを開発する　186
- 自社の強みをベネフィット、ニーズに変換　186
- ターゲットをフィットネスクラブに絞り込む　188

3» フィットネス業界を分析し課題仮説を抽出する　191
- 市場規模の推移から業界の将来課題を考える　193
- プレイヤーの戦略を読み、課題をブラッシュアップする　196
- 顧客の顧客（フィットネスクラブ利用者）の動向を分析する　197
- 業界の課題を整理する　201

4» 24時間フィットネスへのコンセプト立案　203
- 課題仮説の設定　203
- フィットネスクラブ担当者への仮説検証インタビュー　205
- コンセプトを作成する　206

- **5** 潜在ニーズを引き出す「聴く技術」
  を駆使して受注を獲得 ……… 207

Case 3 学習塾の新市場開拓

- **1** 少子化という逃れられない現実 ……… 212
  - 自社の強みを整理する　214
  - マクロ情報からビジネスチャンスを探索する　215
- **2** 自社の強みを活かしてビジネスチャンスを掴む! ……… 216
  - ターゲットの設定：イシューアナリシス　218
  - ターゲット特性を絞り込み提供価値を創造する　219
  - 競業企業を洗い出す　221
- **3** ビジネスモデルの基本要素を整理する ……… 222
- **4** リスクを予測し備えを充実させる ……… 224
  - リスクマネジメント　224
  - 重大なリスクに備える　226
- **5** 売上計画と利益計画 ……… 227
  - 売上計画の算出　227
  - 利益計画の算出　230
  - ストレッチ目標とプロモーション戦略　230

付録　マーケターになるためのスキルトレーニング ……… 233

- **1** マーケターとして必須の10のスキル ……… 234
- **2** マーケティング感覚の鍛え方①時代の流れを掴む ……… 237
- **3** マーケティング感覚の鍛え方②仮説検証を回す ……… 238
- 常にウォッチしていたい情報源 ……… 240

索引 ……… 242

各章のポイント

第1章　マーケティングの基本知識

1 マーケティングを考える視点
- マーケティングの中核課題は顧客満足であり、どの会社・部署で働くにしてもマーケティングマインドが求められる。

2 マーケティングの2つの本質
- マーケティングは価値創造と価値伝達のための組織的な活動である。創造した価値を、顧客にしっかりと伝える必要がある。

3 マーケティング理論のベース
- フィリップ・コトラーが提唱したSTP理論やマーケティングミックスが現代のマーケティングの基本である。
- あらゆる分野でコモディティ化が進展するため、違いこそが価値となる。

4 STPは必須のツール
- 消費者行動は変わっても、STPはマーケティングの基本のままである。

5 セグメンテーションによる顧客分類
- セグメンテーションは、顧客を選定するためグループに分ける作業である。
- 異なる分類基準の2軸を掛け合わせることで、独自の切り口を設定できる。

6 ターゲティングによる顧客の絞り込み
- セグメントは①規模と成長性、②構造的魅力度、③目標と資源で評価する。

7 3C分析によるポジショニング設定
- 顧客ニーズ、競合商品、自社の3つの視点（3C）を持つようにする。
- USP（Unique Selling Proposition）はその商品の"一番の売り"を端的に表現したもので、ポジショニングを考えるうえで欠かせないものである。
- 競合企業は直接競合、トレードオフ競合、代替品・新サービスの3つの視点から分析することができる。

8 4Pによるマーケティングミックスの検討
- マーケティングミックスはターゲットに対してポジショニングを実現するための活動で、商品、価格、販売促進、販売チャネルの4つの観点がある。

第 2 章　価値創造 ── 商品企画とブランディング

1　顧客の価値とは何か
- ◆ 商品やサービスの価値はベネフィットとコストのバランスによって決まる。
- ◆ ベネフィットには「実用的」「感情的」「記号的」の 3 つの段階がある。

2　価値創造の 2 つのアプローチ
- ◆ ターゲット顧客ありきで商品やサービスを組み合わせていくニーズ先行型と、自社の保有するシーズを洗い出すシーズ応用型がある。

3　商品・サービスのライフサイクル
- ◆ 商品やサービスが誕生し、姿を消すまでを描いた概念をプロダクトライフサイクル（PLC）と呼ぶ。
- ◆ PLC には導入期、成長期、成熟期、衰退期の 4 つのサイクルがある。

4　価値創造のための「商品企画」
- ◆ 商品企画は① Fact-Finding、②ニーズの探索、③アイデア発想、④コンセプト開発、⑤価格設定、⑥商品決定が基本的なプロセスである。
- ◆ 2 次データを分析し Fact を抽出することで顧客のニーズを探索する。
- ◆ アイデア発想には、ブレーンストーミング、ニーズ・シーズマトリクスなどの手法で発散し、大量にアイデアが出てきたら収束していく。
- ◆ 商品コンセプトは 1 枚のコンセプトシートにまとめる。
- ◆ 価格決定にはコスト基準、知覚価値基準、競合基準の 3 つの考え方がある。
- ◆ 固定費を早期に回収したい場合は高価格で勝負するスキミング戦略を、シェア獲得を目指す場合は低価格で浸透させるペネトレーション戦略をとる。

5　価値を高める「ブランディング」
- ◆ ブランドとは他社の商品と区別するためのマークのようなものである。
- ◆ ブランドが強くなれば、単価そのものの上昇と顧客数を増加させるという両面を広げていくことが容易になる。
- ◆ ブランド認知は「他社埋没段階」「ブランド再認段階」「ブランド再生段階」「信頼段階」の 4 つの段階を経て強くなっていく。
- ◆ ロングセラーブランドには、明確なコアベネフィット、独自技術を基盤とした優位性、優れたコミュニケーション手法、識別子の一貫性、市場変化への積極対応という特徴がある。

第3章 価値伝達 ── 販売促進とチャネル展開

1 価値伝達としての「販売促進活動」

- ◆ 価値伝達には、CMやイベント、キャンペーンなどを行って購買を喚起する販売促進活動と、実際の商品やサービスを販売するチャネル展開の2つの活動がある。
- ◆ 顧客が商品やサービスを購入する際の意識行動のモデルとして、古典的なAIDMA（アイドマ：CMなどを見て欲しくなり、購入する）、ネット検索時代のAISAS（アイサス：気になったものを検索して購入、シェアする）、SNS時代のSIPS（シップス：共感して確認、参加して拡散）などがある。
- ◆ プロモーションコンセプトは、誰に、何を、どのように伝えるのかを明確にして作成していく。
- ◆ 購入プロセスはファネル（漏斗）構造になっており、入り口は広く、購買にたどり着くまでに狭くなる。次の工程に進む転換率を高める必要がある。
- ◆ Webマーケティングによる販売促進の主な手法に、動画マーケティングとインフルエンサーマーケティングがある。
- ◆ 見込み客に対して有益な情報を発信することで、顧客の方から企業に近づいてもらおうとするインバウンドマーケティングが有効である。

2 価値伝達としての「チャネル展開」

- ◆ 販売チャネルとは卸売業や小売業、販売代理店のことで、4Pの中で唯一自社の外部にある。
- ◆ 流通（ディストリビューター）の誕生により取引が効率化し、市場は飛躍的に拡大した歴史があるものの、インターネットの登場によりその意義が問われている。
- ◆ インターネット時代の流通には、顧客情報の収集や独自のプロモーション機能を強化して存在意義を高めていくことが求められている。
- ◆ 販売チャネルとの関係性を良好にするには、同一社内のように理解しあい、共通の課題をもって双方に利益がある取組を企画することである。
- ◆ 販売チャネルとの関係性の段階は、「パートナーレベル」「信頼レベル」「推進会議出席レベル」「バイヤー面接レベル」に分けることができる。関係性を高めていくために上のレベルの提案をすることが望ましい。
- ◆ 取引可能な代理店の数にも限度があるので、「魅力度」と「競争力」の2つの軸で選別してつきあっていくことが有効である。

第4章 情報収集と分析──マーケティングリサーチと仮説設定

1 マーケティングデータの種類と情報収集のポイント

- ◆ 分析者以外の第三者が収集、加工分析したデータのことを「2次データ」という。このうち公開されているデータのことを「オープンデータ」という。怪しいデータもあるので、「Factデータ」を探すように心がける。
- ◆ 新たにアンケート調査を行ったりして収集したデータを「1次データ」という。
- ◆ 効率的な情報収集のためには、①目的の明確化、②対象の明確化、③課題の明確化、④初期仮説の設定が重要である。

2 Fact把握のための3つの分析法

- ◆ Factを見出すために行うデータ分析には、「トレンド分析」「比較分析」「相関分析」の3つの分析方法がある。
- ◆ トレンド分析は、過去の出来事や事象から法則やパターンを学んで将来を予測するというアプローチである。
- ◆ 比較分析は、①分類軸の選定、②データを加工し差異を抽出する、③データを読み知見をまとめる、という流れで行う。
- ◆ 相関分析は、2つのデータ間に関連があるかどうか統計的に求めたものであり、異常値の存在もあるので散布図による確認が必要である。

3 仮説設定のためのFact-Finding

- ◆ Factを把握したら、それがどんな意味合いを持つのか考察する（Finding）。いくつかのFactから共通項を見出して集約する（解釈）、Factの背景を考察する（要因）、Factをもとに将来のことを考える（予測）などがある。
- ◆ 仮説設定で最も大事なのは、Factをベースにしていることである。特に事実を表すハードファクトに注目し、時間とお金、生活行動から見ていく。

4 仮説検証のためのマーケティングリサーチ

- ◆ マーケティングリサーチには、定量データを収集するためのアンケート調査と定性データを集めるインタビュー調査などがある。
- ◆ 世の中に商品を出す前にコンセプトテストをして評価を聞く必要がある。
- ◆ BtoB企業の仮説検証は、①2次データからの定量的検証、②論理的検証、③顧客インタビューの3つの方法がある。

第5章　戦略の立案と実行

1 戦略とは、重点化
- 戦略とは目的・目標を達成するための有限資源の有効配分、運用の計画と定義することができる。
- どこに力を入れるか検討することが、戦略立案の意義である。
- 戦術は戦略を実現するための具体的な施策展開であり、計画は戦術の具体的な進め方を明記したものである。

2 戦略立案の基本プロセス
- 戦略はレベルで分けることができ、経営戦略、事業戦略、営業戦略、商品戦略、人事戦略、技術戦略などがある。
- 適切な戦略を立案するためにも、定量データを分析することが重要である。

3 自社をめぐる環境を分析する（現状分析）
- マーケティングはまず環境分析から始める。一番外側にあるマクロ環境をPEST（政治、経済、社会、技術）の視点から考えてみる。
- 業界環境は自社を含めたその事業のプレイヤーと顧客から構成される。5フォース分析（業界内競争業者、新規参入業者、代替品、買い手、売り手）が役立つ。
- 企業環境は自社の力で変革可能な環境である。技術力、商品力、営業力、業務プロセスの4つの観点から自社の強み弱みを把握する。
- SWOT分析（強み、弱み、機会、脅威）で現状を整理し、それぞれをクロスして分析していくと課題が見えてくる。

4 マーケティング課題の設定
- 戦略が明らかになったら、マーケティング課題を設定する。プロセスとしては①マーケティング目的の設定、②イシューの設定、③イシューツリーの作成、という流れになる。
- イシューをサブイシューに展開することで、課題を具体化することができる。展開したイシューに対してイエス、ノーを判断できるまで繰り返す。

5 アクションプランへの落とし込み
- マーケティング課題の設定ができたらタスクレベルに落とし込み、各業務を細かく分解し、実施の手順を決めていく（アクションプラン）。

第 I 部
基本&実践編

第1章
マーケティングの基本知識

> ● 本章では、マーケティングの本質である、価値の創造と伝達、そのための手段であるセグメンテーション、ターゲティング、ポジショニング、マーケティングミックスについて学びます。
> ● マーケティングは、顧客から発想していくということがポイントです。顧客にとっての価値を、どのように創るか、そしてどう伝えるかが最重要です。

1 » マーケティングを考える視点

◆ 様々な業種で取り入れられているマーケティング

マーケティングは、生活者を対象としたBtoC[1]企業で進展してきました。食品やシャンプー、日用雑貨や家電製品、自家用車などのいわゆる消費財を扱う企業です。これらの業種は顧客が不特定多数で、一人ひとりに自社商品の魅力を丁寧に伝えることは困難です。そこでマーケティングの手法を用いて、一度に大勢の顧客を対象にした広告や販売促進施策を展開することで売上を増加させてきました。また顧客に寄り添って**ニーズ**[2]を探索し、価値ある商品・サービスを提供してきました。

マーケティングの中核概念には、顧客満足の向上があります。そのため、BtoC企業のみならず、**BtoB**[3]企業、自治体や非営利組織、公共的色合いの強い医療機関などにも取り入れられているのです。

◆ 様々な部門で求められているマーケティングマインド

とはいえ、マーケティング部門や広告宣伝部ではない自分の仕事には関係ないと思う方もいるかもしれません。しかし、マーケティングは企

---

1 Business to Consumer、つまり消費者（生活者）向けのビジネスということ。対義語はBtoB。
2 ニーズとは、ある事態に対して必要性を感じ、その状態を改善しようとする欲求のこと。欠乏状態。
3 Business to Business、法人向けのビジネスのこと。官公庁や自治体など組織向けビジネスを含めることもある。

画部門、営業部門の業務とも密接に関連しているのです。それは、マーケティングマインドがなければ、業務の優先事項を見誤ることになってしまうからです。例えば、マーケティングマインドを持たない営業担当者は、取引先からのクレーム対応よりも経費精算を優先してしまいます。かの**ドラッカー**[4]がいうように、**企業活動の目的は顧客の創造にありますので、顧客対応を何より優先しなくてはならないのです。**

営業部門が顧客起点の業務を展開できるように、事務処理などの間接部門も営業担当者をサポートしなければなりません。そこで、営業担当者の負担感を削減できるような業務報告フォーマットを作成したり、移動時間でも書類作成できるような仕組みやシステムを開発したりするなど、様々なアイデアが考えられると思います。

また「次工程はお客様[5]」という言葉があるように、間接部門の社員は自分の次の工程の部署や社員をお客様として捉えて、その部署や社員のニーズが何なのか、どのようなことを望んでいるのかを察知して行動することが望まれます。すなわち、**他部署の従業員を顧客と見立てた行動が望まれるということです。**人材育成部門であれば、教育研修の対象となる社員が顧客となり、対象社員がどのような知識やスキルを必要としているか、懸命に考えることが求められます。総務部門であれば全社員が顧客になります。ライフスタイルも多様化していますから、働きやすい職場作りに何が必要かを考えることが求められます。

目指すは全従業員が顧客意識を高めて仕事と向き合うことです。

2 》マーケティングの2つの本質

◆ 価値の創造

そもそもマーケティングとはどのような考えなのでしょうか。定義は

---

[4] Peter F. Drucker, 1909–2005。オーストリアの経営学者。マネジメントの概念を広めた人物。
[5] お客様と接するような丁寧さで、後工程の担当者が業務を進めやすいように自身の業務を引き渡すこと。

様々なものがありますが、本書では米国マーケティング協会の**「マーケティングは価値創造と価値伝達のための組織的な活動」**と定義づけようと思います[6]。デフレ時代、商品やサービスが氾濫している状況において、価値のない商品やサービスが顧客から選ばれることはありません。

マーケティングにおいて価値を考えるとき、まずは「人、どのような顧客を対象にするか」から発想します。そして「顧客にとって（自社には）どのような価値があるのか」「（顧客には）どのようなニーズがあるのか」を探索していきます。よいものを作る（提供する）ことはビジネスを展開するうえで大前提です。**よいものの基準を商品・サービスの提供側ではなく、顧客側に置くことが重要なポイントです。**

そして価値の大きさは、その商品やサービスから得られるよいこと（利益や便益）とかけるコストの関係から決まってきます。この得られるよいことは**「ベネフィット」**といいます。ベネフィットとは、商品やサービスを購入することで顧客が得られる効能だと思っておけばよいでしょう。したがって、以下のようになります。

　　　　価値（Quality）＝ベネフィット（Benefit）／コスト（Cost）

価値（Q）を高めるには、分子であるベネフィット（B）を大きくするか、分母のコスト（C）を小さくするか、どちらかになります。

まずはベネフィット（B）を高めるために何をすべきかを考えてみましょう。例えば腕時計であれば、「正確な時を知ることができる」が最も基本的なベネフィットといえます。そしてオメガやロレックスなどのブランドものの時計であれば「身につけることによって満足感が得られる」というベネフィットもあります。前者は**「実用的なベネフィット」**、後者は**「感情的なベネフィット」**ということになります。価格以外に差別化が困難な商品カテゴリーは、後者の感情的なベネフィットを高めて

---

[6]　ちなみに、日本マーケティング協会は、「マーケティングとは、企業および他の組織がグローバルな視野に立ち、顧客との相互理解を得ながら、公正な競争を通じて行う市場創造のための総合的活動である」と定義している。両国を比較してみて、創造するのが「価値」なのか「市場」なのか、なぜ日本ではわざわざ「公正な競争」「グローバルな視野」と謳っているのかも考えてみると興味深い。

いくことで価値を高めていきます（加えて記号的ベネフィットを追加するという考えもあります）。

一方、**コスト**（C）は比較的わかりやすいと思います。まっさきに思いつくのは**「価格」**です。同じ商品やサービスであれば、価格が安ければ価値は高まります。その他に**「時間的コスト」「エネルギーコスト」「心理的コスト」**があります。顧客は商品やサービスを購入し使用するために要する時間やエネルギーを負担していると考えるので、時間をかけずに購入することができる商品・サービスは価値が高まります。例えばネットで洋服を購入することで、リアルの店舗に出向いて購入するよりも時間的コストはかかりません。パソコンやスマホでクリックすれば終了です。エネルギーコストは、要するに"手間"です。例えば、スタッドレスタイヤは雪道を走行するのにチェーンを装着しなくとも安全に走行することができます。このように手間がかからない、エネルギーコストが低い商品・サービスは価値が高まります。最後の心理的コストは、商品を購入することへの抵抗感です。例えば新しいパソコンを購入する際に「まだ使えるのにもったいない」と考えてしまうのが心理的コストです。下取りサービスをするので割安に購入できるというサービスをつけたパソコンは、心理的コストを低減させた例と考えることができます。

このように価値の各要素はその顧客の立場で考えることが肝要です。よいものの判断基準は、顧客サイドにあると認識しておきましょう。

◆ 価値の伝達

次に、創った価値を顧客にしっかりと伝える方法を考えます。**価値伝達のポイントは、「誰に（Who）」「何を（What）」「どのように（How）」伝えるかの3点です。**

まず誰に伝えるのか、ですが、商品を提供する企業にとって、顧客は2人（社）いるケースが一般的です。食品メーカーであれば、エンドユーザーである生活者と流通小売（スーパーマーケット等）です。**BtoB企**

業であっても、直接の顧客企業だけではなくエンドユーザーである生活者も顧客だというケースがあります。それぞれの顧客は何に関心があるのか、どのようなニーズがあるのか、を見極めたうえでベネフィットとその商品の特徴を適切に伝えていくことが大事なポイントです。

次に、何を伝えれば顧客の興味関心を引くことができるのでしょうか。端的にその商品の魅力が伝わるように、一言で気持ちを掴むインパクトがあるメッセージを検討するのです。

そして最後に、どのように伝えるか、つまり伝達する媒体を選びます。最近の20代はほとんどテレビを見ません。若者向けの飲料を広めるには、SNSでの広告や動画配信サービスでの告知が有効です。ターゲットの生活動線上にある媒体を選定することが求められます。

3 マーケティング理論のベース

◆ マーケティングの神様フィリップ・コトラー

マーケティングの神様ともいわれている人がいます。アメリカの経営学者**フィリップ・コトラー**[7]です。「マーケティングは生産物を処分するための技術などではなく、本物の顧客価値を生み出すための活動で、顧客の生活向上を支援する概念でもある」、「マーケティングの役割とは、たえず変化する人々のニーズを収益機会に転化することだ」など、マーケティングの本質について世界中のビジネスパーソンに対する啓蒙を行い、**STP理論**や**マーケティングミックス**など現代マーケティングの基盤となる数々のフレームワークを提唱しています。

◆ マーケティングの推進プロセス

コトラーはマーケティングの推進プロセスとして以下を提示しています。

---

[7] Philip Kotler、1931－。アメリカ合衆国の経営学者。ノースウェスタン大学ケロッグ経営大学院SCジョンソン特別教授。マーケティングに携わる人であれば誰もが知るマーケティング研究の第一人者。コトラーのマーケティングのフレームワークや理論は現代マーケティングのベースになっている。

1　企業環境の分析 → 2　セグメンテーション → 3　ターゲティング → 4　ポジショニング → 5　マーケティングミックス

「1　**企業環境の分析**」では、企業を巡る環境変化を適切に捉えることの重要性を説いています。企業にとって外部の環境は前提であり、一企業の力では環境変化を引き起こすことはできません。環境変化を予測し、適応することができて初めて永続的に高い価値を創出することができるのです。

2～4のセグメンテーション、ターゲティング、ポジショニングの頭文字をとった**STP理論はマーケター必須の概念です**。

「2　**セグメンテーション**」は、一言でいうと**顧客の分類**です。マーケティングの出発点は顧客にあります。**作ったものを売るのではなく、売れるものを作るのです**。売れるかどうかは顧客に受け入れられるかどうかで決まります。ですから、まず第一に顧客を選定します。そのために顧客をニーズで括りグループ化していきます。顧客は十人十色、様々な特性を持っていますが、当該商品に対してどのようなニーズを有しているかということを基準にグループ化することで、効率的なマーケティング活動を行うことができるのです。

「3　**ターゲティング**」は、**いくつかの顧客セグメントの中から、最も注力すべきセグメントを選択するプロセス**です。全顧客セグメントに対して経営資源を使うのは現実的に不可能です。競合企業との競争を優位に進めていくには、特定の顧客セグメントを設定し、経営資源を重点配分していきます。そうすることで顧客から選ばれやすくなり、マーケティング活動の効果を最大化することができます。

「4　**ポジショニング**」は**選定したセグメントに対して、どのようにインパクトを与えるかを検討するプロセス**です。「〇〇はこんな時に役立つ」「△△で困った時は〇〇」など、ターゲットの頭の中にその商品・サービスの位置づけを明確にする活動です。マーケティングを検討する

中で最も重要な概念がこのポジショニングです。

「5　マーケティングミックス」はポジショニングを具体的に実現するための活動です。エドモンド・マッカーシー[8]が提唱した４P理論をコトラーがマーケティングミックスとして深めた考えです。マーケティングミックスは**商品（Product）、価格（Price）、チャネル（Place）、販売促進（Promotion）**の４つの頭文字をとった**4P**から成り立ちます。重要なポイントはターゲットセグメントに合致したマーケティング活動であること、それぞれの活動がシナジー効果を得られるように統合されている（ミックス）ことの２点です。

◆ ポジショニングによる差別化

マーケティングは顧客の立場で考えることが大前提です。商品を販売する側に立つと、どうしても自社都合でマーケティング活動を行いがちですが、顧客の立場にたって、自社商品やサービスがどう映るのかを考えていくことが重要です。

まずは他社商品との違いを有効に訴求することによって、自社の商品が選ばれる確率は高まります。

コンビニの飲料棚を見ると、様々な商品が陳列されています。例えばお茶が飲みたいと感じた時に、あなたはどのように商品を選ぶでしょうか？まず、パッケージを見るでしょう。しかし、お茶のパッケージは緑色が多いので、似たような商品に映ります。そのため、顧客に選択してもらうには、他社との違いを明確にする必要があります。ただお茶というだけでは違いを認識してもらえません。差別化できないのです。例えば、日本コカ・コーラの「綾鷹」は濁りを商品の特性とすることによって急須で淹れたような昔からあるお茶であることを「違い」として訴求しています。「違い」は顧客に選択してもらううえで重要なのです。

「違い」を英訳すると、differentiationとなりますが、コトラーはポジショニング（Positioning）と表現しています。**ポジショニングは、「顧**

---

[8] Edmund Jerome McCarthy、1928–。アメリカ合衆国の経営学者。

客の頭の中に自社商品を優位に位置づける」こと。つまり、顧客にとって意味のある違いでないと選ばれることはないのです。例えば、単にパッケージが派手だとか、容量が少し多いといった違いは、顧客にとって有効な違いではありません。それに対して綾鷹は、商品名と急須のイラストで「にごりこそ本物のお茶である、他の茶系飲料とは異なる価値のあるもの」と訴求しています。単なる違いではなく「本格的な日本茶を味わいたい」という顧客のニーズに適ったものなのです。

BtoCだけでなくBtoBでも考え方は同じです。ターゲットの特性やニーズに合わせ、競合優位となるポジショニングを展開していくことで、顧客から選ばれる商品となるのです。

4 » STPは必須のツール

　STPが重要であるということを述べましたが、デジタルマーケティングが進展したら、STPはもう古いという考え方も出てきています。今日では顧客や生活者が、新商品や新しい使用方法を自由に拡散してくれるから、メーカーは商品やサービスに関する情報を整理しておき、自社にとって良好な口コミが拡散されたタイミングで、その波に乗ればよいという考え方です。考えている暇があったら、とにかくトライ&エラーを積み重ねるほうが効率的だということなのでしょう。

　確かに消費者行動は大きく変わりましたが、だからといってSTPが不要だと決めつけてしまうのは短絡的だといわざるをえません。広告メッセージの開発や商品の仕様を検討する際には、ポジショニングが有効なことに変わりはありません。そもそも、人は情報と接した時に、自分に関わりのある情報かどうかで判断します。情報が氾濫している今だからこそ、ターゲットの心を掴み共感を得るためにもSTPは必須のツールだと考えるべきです。

Column 1 セオドア・レビットのマーケティング論

元ハーバード・ビジネス・スクールの**セオドア・レビット**[9]の有名な金言に、「**顧客が欲しいものはドリルではない、ドリルの開ける穴が欲しいのだ**」があります。正しくは、「昨年、4分の1インチ・ドリルが100万個売れたが、これは人びとが4分の1インチ・ドリルを欲したからでなく、4分の1インチの穴を欲したから」というもので、1968年に発表した『マーケティング発想法』が出典となっています。

セオドア・レビットは、他にも「**マーケティング近視眼**」[10]という論文を発表しています。この中で、経営者が自社事業のドメインを狭く認識してしまい、結果として会社を衰退させてしまったことに対して、顧客の視座で広く俯瞰することが重要だと説いています。

例えば、鉄道会社は、自社を人や物を運ぶことを使命とした会社ではなく、鉄道事業のみを行う会社と狭く捉えてしまい、衰退してしまった。映画会社は、エンターテインメントを提供する会社ではなく、映画製作のみを行う会社と狭く捉えてしまい、衰退してしまった、ということです。

この論文でレビットがいいたいことは、**製品志向ではなく、顧客志向に徹するべき**だということです。企業が近視眼的な**プロダクトアウト**（製品志向）に陥りがちであることに対し警鐘を鳴らしているのです。顧客志向でドリルの穴に着目するには、顧客がその商品によってどのような便益（ベネフィット）を得たいのかを考えることが必要です。

製品志向から顧客志向へ転換するには、顧客のベネフィットを徹底的に考えることです。そうすることで、顧客から選ばれる商品となるのです。

9　Theodore Levitt、1925－2006。マーケティング界の巨人といわれる。
10　Levitt, T.(1960) Marketing Myopia, *Harvard Business Review*, 38(4), 45-56.

5 » セグメンテーションによる顧客分類

◆ 顧客のグループ分け

セグメンテーションは、ターゲットとなる顧客を選定するにあたって、顧客をいくつかのグループに分けるというものです。顧客全員の好みをすべて完璧に反映させようとすることは効率的ではありません。そこで顧客のニーズを基準に最大公約数となるグループ化するというのがセグメンテーションの考え方です。

グループ化するには基準が必要となります。コトラーの分類基準を参考にして、セグメンテーション基準を考えてみました（図表1-1）。

BtoCのセグメンテーション分類軸で最も基本的なものは、**人口動態変数**です。消費財の嗜好やニーズは年齢や性別によって異なることが多

図表1-1　セグメンテーションの基準（例）

消費者向け　BtoC		企業向け　BtoB	
地理的変数	・居住地 ・気候 ・県民性	事業環境・経営特性	・業界 ・事業規模 ・営業基盤 ・収益構造
人口動態変数	・年齢・性別 ・家族構成 ・職業・所得	購買特性	・購買頻度 ・意思決定プロセス ・仕様要求
心理的変数	・ライフスタイル ・パーソナリティ ・ベネフィット	使用特性	・人数、組織、スキル ・使用頻度 ・業務プロセス
行動変数	・購買（使用）頻度 ・使用・利用シーン ・生活行動	ニーズ特性	・技術 ・ニーズ洗練度 ・サービス要求

いからです。例えば清涼飲料水は、若い人や女性は比較的甘いものを好みがちですが、中高年の男性は無糖や微糖など甘さ控えめのものを好みます。食べ物では、10代20代の若者はガッツリと空腹を満たしたい欲求が勝りますが、シニア層はおいしいものを少しずつ食べたいと考えます。

　一方でBtoBのセグメンテーション分類軸では、事業環境や経営特性の他、購買特性、使用特性によってニーズを分類することができます。さらにどのような商品やサービスを望むかというニーズ特性による分類があります。

◆ 2×2のマトリクスでセグメンテーションする

　こうした分類軸を使って、セグメンテーションを行います。マーケティングでよく実施するのが、**2軸の掛け合わせ**です。上記の分類基準だけでもよいのですが、それだけでは競合企業でも簡単に考えつくことができます。自社独自の切り口を設定するには2つの軸を掛け合わせ、2×2のマトリクスでセグメンテーションを進めていきます。

　例えば清涼飲料水のメーカーが自社の顧客（見込み客を含む）を2軸でセグメンテーションすると図表1-2のようになります。清涼飲料水をどの程度飲用するかという軸を縦軸にとり、生活スタイルが屋内なのか屋外なのかという軸を横軸にとります。こうして4つに分けた各セグメントには清涼飲料水に対して異なるニーズがあることがわかります。2軸でセグメンテーションすることで、今まで気づかなかった顧客のニーズを発見することができるのです。

　2軸のセグメンテーションを実施する際は以下3点に留意します。

① それぞれのセグメントがMECE[11]である
② セグメントごとにニーズが異なる

---

[11] MECE (Mutually Exclusive and Collectively Exhaustive)とは「漏れなくダブりなく」という意味。

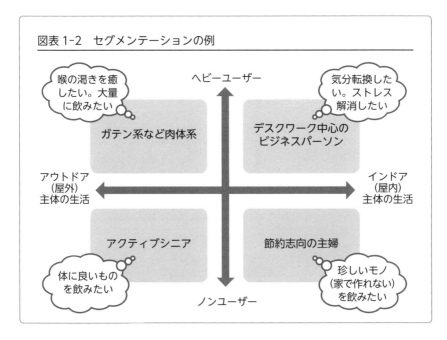

図表1-2 セグメンテーションの例

③ 縦軸と横軸と相関しないように軸を選定する

①分類したセグメントに対して1人の顧客が1つのセグメントにしっかりと分類できるかどうかを確認します。

②は分類したセグメントのニーズが同一であればセグメンテーションした意味がなくなりますので差異があるかどうかを確認します。

③相関とは縦軸が増えれば横軸も増える（減る）という2つのデータの関係をいいます[12]。縦軸と横軸が相関関係にあると顧客が左下と右上（左上と右下）に集中してしまいます。それではせっかく2軸にした意味がなくなってしまいます。

BtoBのセグメンテーションを2軸で行う際のポイントは、縦軸に「魅力度」、横軸に「競合優位性」をとると有効なセグメンテーションを作成することができます（図表1-3）。「魅力度」とはその顧客（企業）と

---

[12] 片方の軸が増えるにしたがってもう片方の軸も増える場合は正の相関、逆に減る場合は負の相関という。

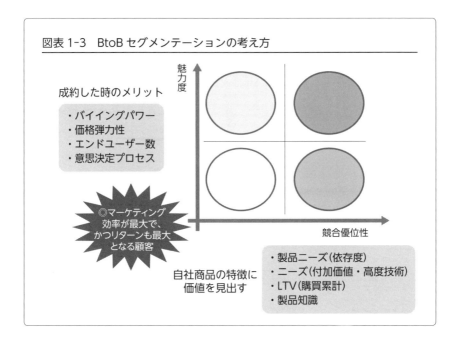

ビジネスをした場合に得られる成果が高いか低いかということです。購買力（バイイングパワー）が高いとか、意思決定が早く商談プロセスが短くて済むということです。

一方、横軸の「競合優位性」は、競合企業と比較して自社がどの程度優位にビジネスを展開できるかということです。顧客企業との親密度やLTV（購買累計）[13]などが基準になります。LTVが高いということは取引が長期間継続し、様々な商品を納品していることにより競合企業よりも優位に商談を進めることができると考えます。

セグメンテーションとポジショニングがごっちゃになっている人を見かけますが、**セグメンテーションは顧客の分類、ポジショニングは商品ブランドの位置づけですので、混同しないように気をつけましょう。**

---

[13] Life Time Value：購買累計：1人の顧客がある商品・サービスに支払った累計金額のこと。

6 ターゲティングによる顧客の絞り込み

◆ セグメントの評価軸

　セグメンテーションを設定した後に、それぞれについてビジネス展開した場合の価値を評価し、どのセグメントでマーケティング活動を行うか選択（ターゲティング）していきます。コトラーは、セグメント評価の軸として以下３点を挙げています。

①セグメントの規模と成長性
②セグメントの構造的魅力度（収益性）
③会社の目標と資源（長期的目標・必要資源・スキル）

　①は各セグメントがターゲットとするのにふさわしい規模であるかどうかということです。せっかく絞り込んでターゲットを選定するのですから、多くの顧客を対象としたいものです。さらにセグメントが大きくなっていくかどうか（成長）も魅力度に繋がります。これから縮小していくセグメントでは将来性が見込めません。
　②はマーケティング活動の見返りとして収益を上げられるかどうかという評価軸です。多くの経営資源を投入するわけですから、儲からなければ意味がありません。
　③は自社の経営理念やビジョンに合致しているかどうかです。一般生活者に対して日常生活を便利にする商品を提供しようとする経営理念であるのに、一部の富裕層を対象にしたのでは、「いっていることとやっていることが違う」となってしまいます。またそのセグメントのニーズを満たすだけの商品・サービスを開発する力、資源とスキルがあるかどうかということも評価します。

◆ 意思決定の「見える化」が大切

　これらを実務で活用しているのが図表 1-4 です。まずは評価項目を選定します。これは業界や扱い商品、企業規模や経営ビジョンによっても異なりますが、コトラーの評価基準を参考にして項目を考えます。

　図表 1-4 にある「拡張性」とは、本来狙っていたセグメント以外にも別の顧客層を獲得できるかということです。例えば 30 代の女性をターゲットにマーケティング活動をしていたところ、その母親世代である 60 代もおまけで獲得できてしまったということです。口コミなどで情報を発信するパワーがあるかどうかということを評価していきます。医薬業界では著名な教授が採用するとその先生を尊敬する他の医師が芋づ

図表 1-4　セグメントの設定例

評価項目		ウエイト	評点（5点満点）				POINT			
			セグメントA	セグメントB	セグメントC	セグメントD	セグメントA	セグメントB	セグメントC	セグメントD
【収益性】	十分な収益が望めるか	20.0%	1	5	3	4	0.20	1.00	0.60	0.80
【規模】	適切な規模があるか	20.0%	2	4	3	4	0.40	0.80	0.60	0.80
【成長性】	成長性があるか	20.0%	3	4	4	4	0.60	0.80	0.80	0.80
【実行可能性】	経営資源、能力があるか	15.0%	2	5	4	5	0.30	0.75	0.60	0.75
【拡張性】	周辺セグメントを取り込める可能性があるか	10.0%	1	4	3	5	0.10	0.40	0.30	0.50
【適合性】	顧客ニーズと保有技術は適合しているか	10.0%	3	4	3	5	0.30	0.40	0.30	0.50
【独自性】	競合他社との違いはあるか	5.0%	4	4	3	5	0.20	0.20	0.15	0.25
	total	100.0%	16	30	23	32	2.10	4.35	3.35	4.40

①自社状況を踏まえてウエイトを設定します。計100%

②セグメント名と各セグメントの評価を5点満点で入力します。

る式に獲得できるということがあります。このようなオピニオンリーダー的なパワーを持っているかということが拡張性です。

次にウエイトを掛けていきます。例えば収益性が大事だということであれば収益性のウエイトを高めます。**ウエイトは全体で100％となるように配分します。**最後に5段階で各セグメントを評価します。これをExcelなどで自動計算できるようにしておくと便利です。図表1-4では評点が最も高いセグメントDがターゲットとして有望となります。

このような表を作成し網羅的、論理的に評価することで皆が納得できます。意思決定を「見える化」することは大変重要なのです。

7 » 3C分析によるポジショニング設定

◆ ポジショニングの視点

ターゲットが決まったら、次はポジショニングです。ポジショニングはマーケティングの中で最も重要な考え方の1つです。セグメンテーションもターゲティングも、ポジショニングのために検討しているといっても過言ではありません。

ポジショニングはターゲット顧客に対して、自社の特長を印象づけるということです。目的は、数多ある競合商品・サービスの中から自社商品・サービスを選んでもらうことにあります。ポジショニングの視点は以下の3つです（図表1-5）。

　①どのような顧客ニーズに着目するか（Customer）
　②競合企業はどのようなニーズを解決する商品を展開しているか
　　（Competitor）
　③自社がどのように解決するか（Company）

図表 1-5　ポジショニングの3つの視点「3C」

Customer
- ターゲット顧客を明確に設定する
- 特性を認識し、どのようなニーズを持っているのか探る
- 幅と深さのあるニーズを選定する

Competitor
- 競合企業はどのような顧客ニーズを対象としているのかを把握する
- そのニーズに対してどう取り組み、どう解決しているかを探る
- 競合の強みと弱みは何かを探る

Company
- 自社の強みを活かして顧客ニーズに対して競合よりも優位に立つ
- 競合商品によってまだ満たされていない未充足のニーズや顧客自身も気づいていない潜在ニーズを狙うと有効

Positioning
3C分析から自社の最適戦略を導く

①どのような顧客ニーズに着目するかの選定の基準は、ニーズの幅と深さにあります。

「**ニーズの幅**」とはニーズの総量です。ニーズを持っている人がどれくらい存在するのか、ということです。いくら核心をついたニーズであっても困っている人が少なければビジネスとしては成立しません。

「**ニーズの深さ**」とは深刻度合いです。どれだけ困っているのか、ということです。確かに困っているが解消しなくてもそれほど問題でない、ということに取り組んでも自社が選ばれる要因とはなりません。

②競合企業がどのようなニーズを解決する商品を展開しているか把握しておきます。他社の動きを強制的に阻止することはできません。ですから競合企業がどのような商品をどのように訴求しているのかを適切に察知することが重要となります。競合企業が、どのような顧客のどのようなニーズに対して、どのように対応しているのかを分析します。

③自社がどのように解決するかについては、①顧客ニーズに対して競合企業と異なるアプローチで優位に立つということです。競合企業と同じニーズに対してその解決方法を提示したところで二番煎じとなってしまいます。同じニーズであっても競合企業が行う解決方法よりも優れたベネフィットを提供できなければ自社が選ばれることはありません。

このようにポジショニングを検討する際には、**顧客ニーズ（Customer）、競合商品（Competitor）、自社（Company）** の3つの視点で考えを深めていきます。頭文字のCが3つあるので**3C**（サンシー）と呼ばれます。

◆ USPでポジショニングに磨きをかける

USP[14]（ユニーク・セリング・プロポジション：Unique Selling Proposition）**とは、その商品の"一番の売り"を端的に表現したもので、ポジショニングの設定に欠かせません。**

USPで重要なこと、それはその商品の価値を端的に表現し購買行動を促すことです。いくら競合優位性の高いポジショニングであったとしても、理解するのに時間のかかるものでは、顧客の頭にしっかりとインプットすることが困難だからです。その商品を検討している顧客に「この商品を買ったら、こういう便益がありますよ」と一目で知らせることが重要なのです。そうでなくても現代はモノ余り時代です。競合商品との違いを瞬間的に訴求できなければ他社商品に埋没してしまいます。

USP表現のポイントは、以下の3点です。

①メリットを一瞬で伝える
②重要性に気づかせる
③今買う理由づけをする

①メリットを一瞬で伝えるとは、お客様は何に困っているのか、課題

---

[14] アメリカの広告界の巨匠ロッサー・リーブス（Rosser Reeves, 1910-1984）が1961年に考案した概念。

を端的に指摘してあげることです。例えばビジネスチャットのアプリケーションでは、盤石なセキュリティの方法や画期的なソリューションの期待感が高まる表現を盛り込みます。

　②重要性に気づかせるとは、あるべき姿と現状のギャップを示すことで、動かないといけないと思わせます。例えば「マイナンバーで倒産の危機を回避するには…」などです。重要性に気づかせるには、企業にとって身につまされるキーワードや実際に語られている言葉をできるだけ見つけて、表現に盛り込むことです。

　③今買う理由づけをするとは、期間限定、地域限定、個数限定など限定であることを訴求します。「○○法が施行される４月までに対応」「３月末日まで大幅値引き」や、「ココでしか買えない、完全オリジナル」などが例として挙げられます。

◆ 顧客にはいくつもの選択肢がある

　例えばあなたが男性だとして、出張で使用しているスーツケースを買い替えようと考えているとします。あなたは各社のスーツケースと比較しますが、それ以外にも、大きめのビジネスバッグも選択候補に加えるかもしれません。さらにアイロンがけの必要がないワイシャツを購入し、旅先で洗濯することによってスーツケースや大きめのビジネスバッグを購入しなくてもよいと考えるかもしれません。男性は大きな荷物を持ち歩くことを嫌う人が多く、出張後の荷物の整理も煩わしく感じます。大きなバッグを使うのではなく荷物そのものを減らすことができれば、スーツケースそのものが必要なくなります。

　この時、あなたには３つの購買の選択肢があります。①新しいスーツケース、②大き目のビジネスバッグ、③ノンアイロンのワイシャツです。スーツケースの担当者はこうしたビジネスパーソンの頭の中を想定したうえで商品の設計や、プロモーションを行わなければ、思わぬ競合商品に取って代わられてしまいます。

◆ 競合企業を３つの基準で整理する

　顧客の欲しいものは本質的に何か、何に未充足感があるのかを探索することで、潜在的な競合商品を見つけることができます。自社にとっての競合企業を以下の３つの基準で整理してみましょう。

①自社と同一の顕在ニーズに対して、ほぼ同一の商品・サービスを提供している【直接競合】
②自社と同一の顕在ニーズに対して、提供する商品・サービス形態／ビジネスモデルが異なる【トレードオフ[15]競合】
③潜在ニーズに対して商品・サービスを提供している【代替品・新サービス】

　①直接競合は、既存の業界ルールのもとで競合している企業です。ビール業界ではアサヒビールとキリンビール、サントリー、サッポロビールが該当します。税制上の規制を受けながらでも、ビールを飲みたいという顕在ニーズを取り込もうと考えている企業群が直接競合です。

　②トレードオフ競合は、既存商品の持つ機能や要素の内で何か１つの要素に特化して他要素を減らすというアプローチをとります。直接競合とは異なるビジネスモデルで顕在ニーズを取り込もうと考えます。ビールでいえば、野菜やフルーツなどを原料に加えて独特の味覚を創造しているクラフトビールの製造販売会社がトレードオフ競合に該当します。

　③代替品・新サービスは、潜在ニーズで競合する関係にあるものです。「顕在ニーズ」は「ビールを飲みたい」というものですが、そもそもビールを飲む人の「潜在的なニーズ」は一体何でしょうか。喉の渇きを癒したいからというニーズもありますが仲間とのコミュニケーションを円滑にするための潤滑油を欲しているという潜在ニーズもあります。そして潜在ニーズから競合する商品・サービスを想定します。

　最近若者の飲酒量の低下がよく話題になりますが、一因にSNSの普

---

[15] トレードオフとは、経済学でよく使われるキーワードで「一方を獲得しようと思えば他方を犠牲にせざるを得ない関係」のことをいう。

及が考えられます。SNSで気軽にどこでも仲間とコミュニケーションがとれるようになり、ビールを飲まなくなったということです。SNSは、間接的にビールと競合している代替品・新サービスといえます。

対してビール会社はビールを飲みながらリアルに仲間とのコミュニケーションをとることの素晴らしさを訴求することでSNSでは成し得ない仲間との経験価値を訴求し、需要を喚起することができます。

このように自社商品ブランドと広い概念で競合する商品ブランドとしてどのようなものがあるか探索することにより顧客ニーズに寄り添ったポジショニングを展開することができるのです。

8 » 4Pによるマーケティングミックスの検討

♦ マーケティングミックスの4P

マーケティングミックスとは、STPで設定したターゲットに対してポジショニングを実現するための具体的な活動であり、4つのPで表現されます。**価値を創造する活動としての① Product（商品）と② Price（価格）の2つの観点、価値を伝達する活動としての③ Promotion（販売促進）と④ Place（販売チャネル）の2つの観点**です。頭文字Pをとって4P（ヨンピー）といいます（図表1-6）。

価値を創造する活動とは、ターゲット顧客のニーズを解決するためにどのような価値を提供するかという具体的な内容で、新商品・サービスの企画開発と、対価としての価格設定をセットで検討します。いくらターゲットのニーズを解決しベネフィットを提供できたとしてもターゲット顧客が支払うことのできない高価格では価値は低くなります。

① Product（商品企画）では、ターゲット顧客のニーズを解決し、ポジショニングを実現するためにどんな商品を企画すべきか検討します。

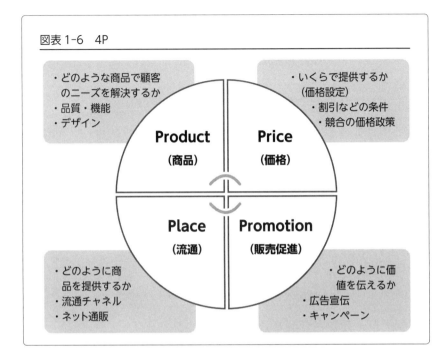

　自社の強みを活かしてどのようにニーズを解決していくのか、どの程度の品質とすべきか、どのような機能が必要か、ネーミング、パッケージ、商品のデザインも含めて総合的に検討します。

　② Price（価格）では、商品をいくらで提供するか、価格を設定します。既存商品なのか、あるいはこれまで世の中にない新しいジャンルの商品なのかによってアプローチは異なります。競合商品の価格攻勢も受けるので、単にかかったコストだけを判断基準にしてはいけません。ターゲットとする顧客の立場で価格設定を行うことがポイントです。

　価値を伝達する活動とは、①②でSTPを具体的なカタチにしたものをどのように伝えたらよいかを検討することです。どんなに価値が高い商品であってもターゲットにそのよさが伝わらなければ意味がありません。

　③ Promotion（販売促進）では、商品・サービスの価値をターゲッ

トに伝えるための具体的な手段を検討します。

　主な手段は、テレビ、ラジオのCMや新聞雑誌の広告、インターネット広告などですが、広告活動はコストがかかりますので、予算内で最大限の成果が得られるように効果測定を行いながら進めていきます。消費者キャンペーンやイベントなど狭義の販売促進もミックスさせ、総合的に訴求力を高めていきます。

　④ **Place（販売チャネル）では、物理的に商品やサービスを顧客まで届ける手段を検討します。**

　メーカーは商品を製造しますが、そのままではターゲットとする顧客の手元まで届けることはできません。スーパーマーケットやコンビニエンスストア、家電量販店に商品を陳列してもらわなければ始まりません。インターネット通販も有効なチャネルですので、スーパーマーケットやコンビニエンスストア、量販店などリアル店舗と整合性をとって、展開方法を検討していきます。

◆ シナジー効果を発揮する

　マーケティングミックスで重要なのはSTPに沿ったものであることと、4つの活動が互いに繋がりあって機能していること、そして**シナジー効果（相乗効果）**[16]を発揮することにあります。例えば、若者をターゲットとしたクラフトビール製造販売企業ヤッホーブルーイングの「僕ビール、君ビール。」は以下のマーケティングミックスを展開しています。

- Product：大手メーカーが使わない原料やビールの製造法により、複雑な香りや味わい、苦みを実現しました。ビールの苦みが苦手な若者でも楽しめます。
- Price：350ml缶小売価格：288円（税込）／中高年と違って量を飲まないから[17]高価格でも受容されます。
- Promotion：若者と親和性の高いSNSを活用します。

---

[16] 2つ以上の事柄が作用しあって1つの事柄で得られる以上の効果や機能を高めること

[17] 厚生労働省「平成29年度　国民健康・栄養調査結果の概要」によると、「生活習慣病のリスクを高める量を飲酒している者の割合は、20代男性で8.5％（40代男性は21.4％）、20代女性で5.5％（40代女性は15.2％）と、ともに40代の半分以下の割合である。

- Place：自社販売のウエイトが高いのが特徴です。若者の集まるビアフェスなどで他のクラフトビールメーカーと一緒に販売します。

このようにターゲットの特性に合致したマーケティングミックスであることがわかります。そして若者の生活動線上にあるコンビニエンスストアとSNSを活用した「あなたのローソンにかえるビールはあるか？！」プロモーション展開は興味深い取組です。

①商品を購入（捕獲）したお客様が、ハッシュタグ #かえるビール をつけてTwitter上で捕獲エリアを報告します。
②ヤッホーブルーイングの社内に掲示された地図の該当エリアが塗りつぶされていきます。
③スタッフは東京都内を走り回り、お客様に向けては47都道府県でのカエル捕獲を呼びかけます。

といった具合でPlaceであるコンビニとPromotionとしてのTwitterを有機的に結合した販売促進を行っています。4つのPが独立して実行されるのではなく、相乗効果を狙っていくと効果が倍増します。

マーケティングミックスは、4つの機能すべてに力を入れる必要はありません。ターゲットとポジショニング面での整合性は必要ですが、商品特性を加味して力の入れ具合を調整していけばよいのです。

例えば、缶コーヒーは商品上の差別化は困難です。イベントや消費者キャンペーン（おまけ）などの販売促進に力を入れて差別化を図っています。BtoBの商品はターゲットが限定されているので、広告活動よりも卸売店などの販売チャネルへの対応に注力しているケースもあります。

Column 2
アンダーアーマーが世界3位のブランドに成長した理由

　スポーツ用品で成長著しいブランドにアンダーアーマーがあります。アンダーアーマーの創業当時、既存市場を席捲していたのはアディダスやナイキといった世界的に著名なブランドです。これらのブランドは、日常生活でのファッションブランドとしても幅広く浸透していました。ターゲットを、スポーツをする人だけでなく一般生活者まで拡張して展開していたのです。その結果、「アディダス＝お洒落なブランド」という公式を顧客の頭の中に定着させていたのです。

　そうした状況の中で元アメフト選手ケビン・プランク[18]というアスリートによって立ち上げたブランドがアンダーアーマーです。アスリート目線で徹底的にニーズを探索し、アスリート対象の機能性追求をポジショニングの軸としました。コンプレッションウェアというアスリートのパフォーマンスを最大化する商品を開発し、新たな市場を創造したのです。こうしたアスリートに寄り添ったポジショニングによって、スポーツ用品メーカーで世界第3位のブランドに成長していきました。

　アンダーアーマーが、先行するアディダスやナイキと同じ路線でファッションから展開しても大きな成果は得られなかったでしょう。**独自のターゲットを設定し、そのニーズを探索し、それを解決する商品・サービスを提供するという方向性（ポジショニング）をもったからこそ成功したのです。**アスリートは少しでも記録やパフォーマンスを向上させたいという強いニーズを持っており、そこに着目したということです。コンプレッションウェアは肌にぴっちりと密着した素材でパフォーマンスを最大化できるというベネフィットがあり、プロアスリートから一般層まで広く普及していったのです。

18　Kevin Plank　1972−。メリーランド大学在学中から様々なビジネスを手掛ける。

第2章
価値創造
―商品企画とブランディング

> ● 顧客にとって価値のあるものを、どうすれば創造できるのでしょうか。
> ● 顧客が何を求めているかを探ること、自社が有する経営資源を活用すること、新商品を企画すること、ブランド構築を進めること…。それぞれの手順をわかりやすく解説します。

1 » 顧客の価値とは何か

◆ ベネフィットとコストのバランス

　第1章でも述べましたが、**価値は、商品やサービスによって得られるベネフィットとかけるコストとのバランスによって形成されます**。そのため、いくらよい品でもコストが高ければ価値が高いとはいえません。価格とのバランス、見合いによって価値が高まるのです。

　例えば、空飛ぶ車が開発されています。空飛ぶ車があれば渋滞もありませんし、眺望を楽しむこともできます。ベネフィットとしては非常に高いわけですが、価格が1億円を超えるとしたらどうでしょうか[1]。高いベネフィットを感じる人は多いかもしれませんが、それに反して購入できる人は限られます。また、希少性の高いダイヤモンドもその輝きは素晴らしいけれども、非常に高価であれば手が出る人は少ないでしょう。

　反対に、安すぎても買ってもらえないことがあります。東京23区内、渋谷駅まで徒歩5分圏内の立地にあるマンションが500万円で販売されていたらどう思うでしょうか。何か特別な事情がある"訳アリ物件"と勘ぐるのが自然な反応です。低価格である理由が明確でないと顧客は敬遠します。空飛ぶ車や訳アリ物件は少し極端な例ですが、人は購入する際に、必ず商品と価格を比較して意思決定しています。

　**BtoB企業の顧客は、特にコストパフォーマンスによって購入意思決

---

[1] AeroMobilの市販モデルの価格は、120万〜150万ユーロ、日本円で約1億4000万〜約1億7500万円になる見込み。

定を行います。そこでは合理的に妥当な金額が受け入れられます。BtoBビジネスは顧客との取引関係が長期間になりますので、原材料の動向や、処理時間など論理的にコストを証明し、価格の妥当性を理解してもらったうえで信頼関係を築いていきます。その意味で低価格であることに不安感を持つことは、BtoCよりも少ないかもしれません。

一方BtoCの場合は、ブランドものなど情緒的な価値が影響することがあります。一般の商品サービスよりも価格が高くても、ブランドに価値を見出し、コストパフォーマンスが低くても購入していただけます。

いずれにしても、自社商品（サービス）がどのようなベネフィットを提供し、その価格が適切であるのか吟味していくことが重要です。

◆ ベネフィットの3段活用

ベネフィットには3段階あります。「**実用的なベネフィット**」と「**感情的なベネフィット**」、そして「**記号的ベネフィット**」です。

工業用ドリルであれば「思いどおりの大きさの穴を開けることができる」が実用的なベネフィットとなります。そしてスピーディーに穴を開けることができれば、感情的ベネフィットとして「きれいに穴が開くことによって爽快感を得られる」ということになります。顧客の気持ちに着目しているのが感情的ベネフィットです。感情的ベネフィットが継続的に得られると、その顧客にとって重要な意味を成していきます。ドリルで考えると「作業を軽快に進めることができるマストツール」といった具合です。それが3つめの段階で記号的ベネフィットとなります。

このように、**ベネフィットの内容は、「〇〇できる」と表現します。**実用的ベネフィットから始まり、感情的ベネフィットを通して、記号的ベネフィットでその顧客にとっての存在を肯定することになります。

お酒好きな方であれば聞いたことのあるフレーズだと思いますが、「最高金賞のビールで最高の週末を。」は、サントリーのザ・プレミアム・モルツの記号的ベネフィットを表現しています。「コクのある飲みごた

え」「クリーミーな泡立ち」といった実用的なベネフィットがあり、「少し上等なビールを飲んでいるという満足感」によって感情的なベネフィットが得られます。そうした満足感が継続すると、ザ・プレミアム・モルツは顧客にとって、「平日一生懸命頑張って働いた自分に対するご褒美」という記号となり、意味をなすのです。

◆ 多数の人が反応するベネフィットとは

　実用的なベネフィットから感情的なベネフィット、そして記号的なベネフィットと階層が深まりますが、この階層は商品の普及スピードに密接に関わってきます。新商品発売時点で購入するのは、**イノベーター（まっ先に購入する人）やアーリーアダプター（初期の段階で購入する人）**といったその商品カテゴリーに関心の高い人たちです。

　アーリーアダプターが商品を購入するとそれを見ていたマジョリティ（一般の人たち）が関心を寄せてきます。マジョリティは詳細な商品特徴や専門的な実用的ベネフィットに対してあまり興味を抱きません。それよりもその商品を使って（飲んで）得られる満足感などの感情的なベネフィットや記号的ベネフィットに影響を受けます。「今週もよく頑張った。プレモルだ」と条件反射的に購買行動に繋がるのです。

　マーケティングでは、このように商品そのものの機能や原料などの**シーズ訴求**ではなく、感情的ベネフィットや記号的ベネフィットに訴えかけることで顧客の購買意欲を高め、自社商品を購入したいという**ウォンツ**[2]を高めることができるのです。**特にコモディティ型**[3]**の商品には、感情的なベネフィットや記号的なベネフィットが有効に働きます。**

2　状態を改善してくれる期待を感じる特定の商品やサービスを購入したいと感じる欲求。
3　商品が成熟し価格以外で差別化が困難な商品カテゴリー。

2 ›› 価値創造の2つのアプローチ

◆ ニーズ先行型

　これまで見てきたように、マーケティングは顧客の立場で価値を創造することなのですが、そのアプローチには大きく2パターンあります。1つが、顧客のニーズに着目して、シーズを探索するパターンで**「ニーズ先行型」**といいます。もう1つが、自社のシーズをもとに何か応用展開できないか発想していくパターンで、**「シーズ応用型」**といいます。

　まずは、ニーズ先行型です。これはコトラーのマーケティングプロセスそのものになります。「ターゲット顧客ありき」で検討していきます。ターゲット顧客を選定し、その特性からどのようなニーズを持っているのかを検討していきます。そしてそのニーズを解決するために自社は何ができるのか、アイデアを発想していくというアプローチです。

　例えばフィットネスクラブ業界では、女性専用のカーブスという施設が好業績を挙げています。カーブスジャパンは2005年に設立され、ターゲットを中高年の女性に絞り込んで事業を展開しています。中高年女性には、「化粧や身なりを気にせずに（男性の視線を気にせずに）気軽に身体を動かしたい」というニーズがあります。そうしたニーズを叶えるためにスタッフを女性とし、忙しい中高年女性が、「ちょっとした時間で身体を動かせる」ように30分1サイクルのプログラムを開発しました。さらに、毎月継続できるような価格設定とするためにジャグジーやシャワーもなく、マシンとトレーナーだけのシンプルなオペレーション展開としたのです。ターゲット顧客ありきで商品やサービスを組み合わせていくアプローチがニーズ先行型です。

◆ シーズ応用型

シーズ応用型のアプローチは、自社の保有するシーズ[4]を洗い出すところから始めます。**保有している技術的な強みや経営資源を棚卸して、それらのシーズからどのようなベネフィットを開発できるかを検討していきます。**さらにそうしたベネフィットを求める人（企業）ターゲットを探索していくというアプローチです。どちらかというとプロダクトアウト（商品先行型）に近いプロセスですが、顧客との適合を図っていることから**戦略的プロダクトアウト**と呼んでいます。

例えば、カーブスと同じくフィットネス業界で一大旋風を巻き起こしているRIZAPは「結果にコミットする」という強烈なポジショニングで一躍その名を広めましたが、そのシーズは「志のある人を全力でサポートし問題解決する」という独自のノウハウです。このシーズを起点として、RIZAP ENGLISHやRIZAP GOLFなどを展開しています。これなどは典型的な戦略的プロダクトアウトといえます。

「志のある人を全力でサポートし問題解決する」から得られるベネフィットは、「一定期間指導を受ければ目標を達成できる」です。そのベネフィットを感じる人は誰だろうと検討していきます。"TOEICのスコアを上げたい人"や"ビジネス英会話を習得したい人""短期間にゴルフのスコアを上げたい人"がターゲットとなります。

ニーズ先行型もシーズ応用型も、アプローチの順番は異なりますが、顧客ニーズがあるのか、そしてニーズに充分に応えることができるのかを検証することが大事です。

◆ 戦略的プロダクトアウト

戦略的プロダクトアウトは着眼点を自社のシーズに置きながら、そのシーズを使ってどのように世の中の役に立てるかを考えるプロセスです。自社の強みを棚卸して、そこから誰かのニーズを充足できないかと

---

[4] シーズ：企業が有する技術・ノウハウで新事業・新商品化の可能性のあるもの。まだ世の中に出ていないビジネスの種。

図表 2-1 戦略的プロダクトアウト

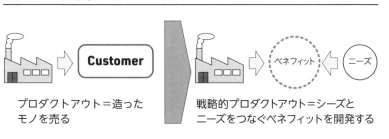

プロダクトアウト＝造ったモノを売る

戦略的プロダクトアウト＝シーズとニーズをつなぐベネフィットを開発する

技術的特徴	ベネフィット	ニーズ	ターゲット
ナノレベルの微粒子の大量生産技術（10ナノレベル）	凝集性が従来粒子の100分の1レベルで密度の濃いコーティングをすることができる	しわやシミを隠したいが、厚化粧に見られたくない	シニア女性（50〜70歳）
粒子の形状が真球状で揃っている	塗膜の反射率と吸収率がコントロール可能なので、化粧品によるテカリが解消できる	脂っぽい箇所と乾燥している箇所を1種類の化粧品で賄いたい。ムラなく均一に塗りたい	混合肌の悩みを持つ人

出所：『図解 実践MOT入門』（出川通、言視舎、2014）をもとに著者作成

す。自社の強みを棚卸して、そこから誰かのニーズを充足できないかというアプローチ方法をとります。シーズの切り出し➡ベネフィットに転換➡ニーズを探索という手順で発想していきます。

　例えばナノテクの化粧品への応用として図表2-1のような展開が考えられます。

　技術や機能のシーズからどのようなことができるか、どのような効果をもたらすことができるのか検討し、ベネフィットを創出していきます。そのベネフィットによって解決するニーズを検討し、そのニーズを持っているターゲットを想定します。そして、最もマーケティング効果の高いターゲットに絞り込んでいくのです。

3 商品・サービスのライフサイクル

◆ プロダクトライフサイクル

人間に寿命があるように、商品やサービスにも寿命があります。現時点で、どの段階にあるのかを認識することで、適切な施策を講じることができます。商品が市場に誕生し、売上が増加し、そして市場から姿を消すまでの一生を描いた概念をプロダクトライフサイクル[5]（**PLC**：Product Life Cycle）といいます。PLCには**導入期、成長期、成熟期、衰退期**の4つのサイクルがあります（図表2-2）。

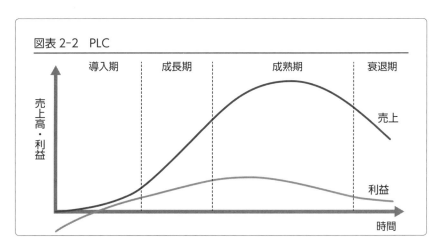

図表2-2 PLC

商品やサービスが市場に出始めの導入期では売上が少なく、固定費を回収できないので利益はマイナスの状態です。成長期、成熟期と推移するにつれて売上、利益ともに右肩上がりの曲線を描きます。どのような商品やサービスでも成熟期を維持できればよいのですが、そうはいきません。いずれ売上、利益が減少する衰退期を迎えます。

マーケティング活動はPLCの各段階によって有効な施策が異なります。

---

[5] PLCの対象は、プレミアムモルツのように特定の商品ブランドについて、ビールという商品カテゴリーで語られることの両面があることに留意する。

◆ 段階ごとの打ち手

　導入期は、まだ購入する顧客が少なく様子見（効果があるか懐疑的）をしている顧客が多い状況です。ですから**商品カテゴリーそのものの認知を増やし、どのように便利となるのか、ベネフィットを訴求すること**が大きなテーマとなります。

　例えばAIスピーカーはまだ導入期といえますが、各社、各ブランドの違いというよりも、AIスピーカーで何ができるのかを広く伝えることが重要です。声をかけるだけでニュースを読み上げてくれる、照明のスイッチを操作できる、音楽をかけてくれるなど、その商品・サービスの実用的なベネフィットを伝えるのです。

　次の成長期には、競合企業が出現して顧客にとって選択肢が広がる段階です。自社にとってはライバルが多くなるので、**自社の差別的優位点を顧客視点でベネフィット開発する**ことがテーマとなります。競合他社にない自社商品の特徴や強みを訴求します。

　例えばトヨタのアクアはハイブリッドカーの圧倒的な燃費性能の高さに加えて、小回りの利くコンパクトなサイズ感が特徴といえます。他のブランドとの差別化要素として訴求しています。

　成熟期には、需要がピークを迎えます。いずれ需要は縮小しますので、**需要を拡大するために新たな用途開発や利用頻度促進施策、別のセグメントへの価値訴求**などを行います。

　例えば、日清フーズのクッキングフラワーは小麦粉の需要を増加させるためにそれまでの袋タイプのものからコンパクトなボトル形状に容器を追加し、シンク下の収納スペースからキッチンの前面に置かれるようにしました。また独自製法で小麦粉をサラサラに改良したことにより具材にムラなくまぶせるという特徴から利用頻度を増加させています。

　衰退期は、このままではいずれ市場から消えるという段階です。**固定**

客とのビジネスを継続するための販売促進が求められます。サブスクリプション（一定期間、定額で商品・サービスを利用する購買モデル）やクローズドなコミュニケーションを行い、利益確保を行います。

　国内ビール市場は若者の飲酒頻度減少といった環境変化要因を受けて年々需要が減少していますが[6]、ビール好きのロイヤルカスタマーは一定数存在します。キリンはロイヤルカスタマーに向けて「ホームタップ」というサブスクリプションのビジネスモデルを展開しています。月々一定金額を支払うことで、定期的にボトルが宅配されるのです。

　このように商品・サービスにはライフサイクルがありますので、まずはマーケティング対象となる商品・サービスのライフサイクルがどの段階であるのかを把握したうえで、価値を高めていくことが肝要です[7]。このように成長期や成熟期には、自社商品やカテゴリーを見る目が変わってきますので、場合によっては導入期に設定したSTPを状況に合わせて変更することも考えなくてはなりません。

　例えばプレミアムビールは高成長時代から安定的な需要期（成熟期）に差しかかってきています。これまでのようにちょっとよいビールというだけでは顧客のニーズを満たせなくなってきています。ザ・プレミアム・モルツは"最高金賞のビールで最高の週末を。"というポジショニングに加え"神泡"という要素を加えてリポジショニングしています。

4 >> 価値創造のための「商品企画」

◆ 商品企画の第1プロセス：情報収集

　一般的に商品企画は以下のプロセスによって展開されます（図表2-3）。

---

[6] ビール大手5社が2019年1月16日に発表したところによると、2018年のビール系飲料（発泡酒と第3のビールを含む）の総出荷量は3億9390万ケースと、14年連続で最低を更新した（新聞各紙の報道による）。

[7] PLCは1つのモデルなので、導入期で失速してしまうもの、成長期で上手く販売数量が増えずに市場から消えてしまうものもある。ライフサイクルを順調に推移すること、成熟期の状態を維持できるように市場の状況をしっかりと見据え適切な対応をすることが肝要である。

商品企画は、前工程である STP から繋げて考えることがポイントです。
ポジショニングを確立する要件を満たした商品を検討していきます。

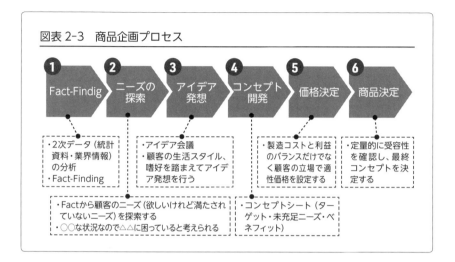

　まずは①２次データを中心にしてターゲットの情報（Fact：事実）を収集し、分析します（Fact-Finding に関しては第４章で解説）。
　次にターゲット情報をもとに顧客の立場で②**ニーズを探索**します。ニーズは潜在的なニーズほど有効です。顕在ニーズでも未充足のニーズに着目することで競合企業との差別化を図ることができます。
　そして自社の強みを使ってニーズを解決するための③**アイデア発想**をしていきます。どのようなニーズに対応する商品とするのか、どんな解決方法をとるのかなどいくつかパターンがあります。
　それらのアイデアを整理して④**商品コンセプト**の開発に落とし込んでいきます。
　このコンセプトをもとにして⑤**価格を**設定します。
　いくつかのコンセプトの受容性（受け入れられるか、評価されるか）を検証して、最後に⑥**商品を決定**していきます。

◆ 第2プロセス：ニーズの探索

● ニーズ探索の２つのアプローチ

　あらゆる商品で**コモディティ化**[8]が進展している現代では、顕在ニーズを解決するだけでは、競合企業に対して優位性を発揮することはできません。顧客が気づいていないことや、あきらめている「潜在ニーズ」を解消する商品・サービスを開発することが肝要です。

　ニーズはマーケティングの出発点となります。競合企業が気づいていないニーズに着目し、そのニーズを解決する商品・サービスを提供できれば顧客満足も高まり、ヒット商品となることができます。

　ニーズを探索するアプローチには２つあります。１つは**ターゲット顧客の４つの「不」に着目する**アプローチです。①現状使用している商品に「**不満**」を感じている点はないか、②今のやり方で使いづらい、「**不便**」になっていることはないか、③心許ない、「**不安**」に感じていることはないか、④「**不足**」していることはないかの、４つの満たされていない状態を探すのです。

　もう１つは、**ターゲット顧客が負担しているコストを探索する**というアプローチです。①**価格**、②**時間**、③**手間**、④**心理的負担**を削減することによって顧客が気づいていない、あきらめてしまっているニーズを探索することができます。

　潜在ニーズは、この２つのアプローチを活用して、顧客の購買行動や使用行動を観察することで発掘することができます。観察の切り口としては「**バイヤー・エクスペリエンス・サイクル**」というフレームワークがあります（図表2-4）。これは、**顧客の購買から廃棄までの商品・サービスとの接触プロセスの中で顧客が不具合を感じている事項、あきらめている事項を抽出するものです**。顧客が負担するコスト（経済的コスト、時間的コスト、エネルギーコスト、心理的コスト）を軽減する商品アイデアの発想に役立ちます。

8　差異性がなくなり汎用化してしまうこと。

図表 2-4　バイヤー・エクスペリエンス・サイクル

購入	・必要とする商品を探すのにどれだけ時間がかかるか？ ・購入場所は行きやすく、訪れやすいと思わせるか？ ・安心して取引できる環境だろうか？ ・どの位の速さで購入できるか
デリバリー	・デリバリーまでの期間はどの程度か？ ・簡単に梱包を解いて設置できるか？ ・配送の手配は買い手がしなくてはならないのか？　その場合のコストと手間はどれくらいか？
使用	・使用するのにトレーニングや専門家の助けがいるか？ ・使わないときの保管は容易か？ ・機能や特徴はどの程度優れているか？ ・通常の利用者が求めるよりも、はるかに多くのオプションや大きな性能を備えているか？　余計な機能や付属品がつきすぎていないか？
併用	・他の製品やサービスがなくても使えるか？ ・他の製品やサービスが必要な場合、コストはどれくらいか？ ・どの程度の時間を要するか？ ・大きな骨折りを必要とするか？ ・手に入れやすいか？
メンテナンス	・メンテナンスの外部委託は必要か？ ・保守やアップグレードは簡単か？ ・メンテナンスのコストは？
廃棄	・商品の利用にともない、廃材が出るか？ ・楽に廃棄できる商品か？ ・安全に廃棄するために環境や法律の問題がからんでくるか？ ・廃棄にはどれくらいのコストがかかるか？

出所：『日本のブルー・オーシャン戦略』（安部義彦・池上重輔、ファーストプレス、2008）をもとに著者作成

　顧客が商品を購入し、使用し最終的に廃棄するまでの一連の流れに沿って、4つの不、4つのコストを探索していくのです。購入段階は、BtoC商材であればスーパーマーケット等で顧客を装って観察することができます。使用状況を観察する際には、きちんと了解をとって実際の使用方法をやってもらったほうが無難です。顧客の動きを観察し潜在

ニーズを探索していきます。併せて顧客に直接聴取することも有効です。

● 固定観念検証法

　もう1つ潜在ニーズを探索する方法に、**固定観念検証法**があります。商品を提供するメーカーや販売会社は、固定観念に捉われがちです。ターゲットに近い属性であれば、気持ちを理解することができますが、自分とは全く違う属性の顧客を対象にすることも少なくありません。そうした中で潜在ニーズを探索するには、**マーケター自身の頭の中にある固定観念（常識や通常いわれていること）を洗い出し、1つひとつ検証していくことで、食い違いを探っていく手法が有効です。**

　例えばアクティブシニアの固定観念を洗い出してみましょう。「シニアはあっさりとした和風が好みなはずだ」とか「年齢のことを気にしているので大人の○○といったフレーズが受け入れられやすい」などが固定観念としてあります。それらを実際にシニアに聴取することで「和風は好きだがたまにはこってりしたものも食べたい」や「大人って、誰のことをいっているのかわからない。私には関係ないことね」という、固定観念とは全く異なる結果が得られます。それこそが**充たされていない潜在ニーズ**[9]といえるのです。また、人によっては大人＝アクティブシニアと捉えてもらうには時間がかかります。

　このように、マーケターとターゲット顧客の認識のギャップに着目することで、潜在ニーズを探し出すことができるのです。

◆ 第3プロセス：アイデア発想

● 主なアイデア発想法

　潜在ニーズを抽出したら、次はそれをどのように解決するか検討していきます。**誰も思いつかないような画期的なアイデアを発想するには、とにかく多くのアイデアを出すことです。**いろいろなアイデアを出し、改良を加えたり、統合したりして最良のアイデアが生まれるのです。アインシュタインやエジソンは、大量のアイデアをああでもない、こうで

---

[9] 例えば、こってりしたものが食べたいが、市場にシニアが食べきれるようなサイズの惣菜がない、ということなど。

もないと24時間365日考え続けることができたといわれています。エジソンの有名な「天才とは99％の努力と1％のひらめき」という金言がありますが、このことがいい得ています。

エジソンのような「天才」は1つのことを徹底的に考え集中力を持っていたといえます。では「凡人」には大きな発明はできないのでしょうか。そんなことはありません。「凡人」はグループでアイデア出しすることで、一人の「天才」に匹敵するアイデアの量を出すことができます。その結果、素晴らしいアイデアを生むことができるのです。

ですから一人で考え込まずに、部門全員で発想するのが有効なのです。大量のアイデアを出すためにも、楽しみながらアイデア発想していきましょう。グループ発想法で最も有名なのは**ブレーンストーミング（ブレスト）**です。

大量のアイデアを出すためには、場作りが大事です。そこでブレストでは人のアイデアを批判してはいけないという大前提があります（図表2-5）。このことを徹底しないと、委縮してアイデアを量産できなくなってしまいます。ルールを守り、ワイワイガヤガヤとリラックスしてアイデア発想することが、大量のアイデアを出すコツなのです。[10]

図表2-5 ブレーンストーミングのルール

- **■批判厳禁**
  - ・アイデアの内容を決して評価・批判してはいけない
- **■自由奔放**
  - ・何でも自由に発言する
  - ・良し悪しの判断を勝手に自分でしない
  - ・奇想天外なアイデアが他のメンバーを刺激してさらに良いアイデアを生む
- **■質より量**
  - ・出し惜しみせずどんどん発言する
  - ・最初から高い質を狙わず、とにかくたくさんの量を出すこと
- **■結合・改善**
  - ・他人のアイデアをヒントにしたり、組み合わせることで、さらにアイデアの質を高めることができる
  - ・どんどん他人のアイデアに相乗りする

---

[10] ホワイドボードや付箋を使って手を動かしながらブレストするのも有効です。アイデアが視覚化されることで、「融合したらどうなるだろうか？」とか、「対立関係にあるのはどれとどれだろうか？」などと、声を出して手を動かすことで、どんどんアイデアが深まっていきます。

アイデア発想にはいくつも手法がありますが、商品企画でよく使うフレームワークとして、**ニーズ・シーズマトリクス**があります（図表2-6）。この手法は、まずターゲットセグメントのニーズを表頭（表上部の行）に記入します。そして自社の強み（シーズ）を表側（表側面の列）に記入します（記入例は217ページ）。

図表2-6　ニーズ・シーズマトリクス

シーズ＼ニーズ	具体的ニーズ	具体的ニーズ	具体的ニーズ	具体的ニーズ
具体的シーズ				
具体的シーズ				
具体的シーズ				
具体的シーズ				
具体的シーズ				

　ニーズとシーズを俯瞰することで、広い視野から自由で柔軟な発想が生まれます。ニーズとシーズを記入し終えたら、升目（セル）に、課題解決となるアイデアを発想していきます。強いニーズに対し、強いシーズで解決するアイデアが顧客からの高い評価を受けますので、強いシーズまたは強いニーズには特に注目すべきです。複数のニーズ、複数のシーズの組み合わせも検討し、競合他社と差別化できるアイデアを出していきます。商品企画の断片的アイデアを記載するのもよいですし、販売チャネルや広告宣伝等、マーケティング戦略の企画に関わることも範囲を限定せずに発想していきます。本筋から少し外れた情報を入れることで商品アイデアについて考えが深まることもあるからです。

●アイデアの絞り込み

大量のアイデアが創出できた後はアイデアの絞り込みをしていきます。絞り込みにはロジカルシンキングの**イシューアナリシス**が有効です。イシュー（Issue）とは「論点」「課題」「問題」と訳され、「何を考え、論じるべきか」、イエスかノーかによって、その後の事態の展開が大きく左右されるような重要事項のことをいいます。そのイシューを細かく切り分けてイシューツリー（図表2-7）を作成し、サブイシューの実現

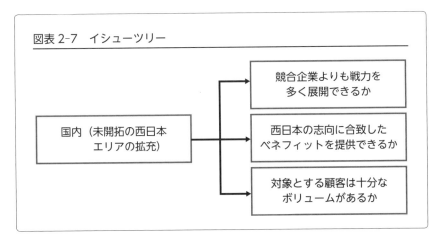

図表2-8　評価軸の検討

評価軸	評価項目（例）
実現可能性	技術力……自社が保有する技術で解決できるか
	ブランド適合……ブランドが目指す方向性と合致しているか
効果性	ニーズ解決度合……ニーズに応えられるか
	ベネフィット……便益を提供できるか（機能的・情緒的）
	インパクト……商品特徴を最大化するインパクトがあるか
ビジネス性	対象人数……解決施策に合致する（響く）顧客数であるか
	収益性……コストに対する見返りが期待できるか（需要増加）

可能性を模索していきます。

　複数の案がある際に最も重要な課題を見出す手法です。イシューアナリシスは、アイデアの中から、何を優先して取り組むのかを評価軸をもってロジカルに選定していきます（図表 2-8）。

　創出したアイデアは表にあるように「実現可能性」「効果性」「ビジネス性」の３つの評価軸について、それぞれ５点満点で評価していき、合計得点が最も高いアイデアを絞り込みの対象とします。

◆ 第4プロセス：コンセプト開発

●商品コンセプトの開発手順

　商品コンセプトは、どのような商品を開発していくのかについて企画案を記載したもので、通常は１枚のコンセプトシートにまとめます。コンセプトとは概念、考え方という意味です。STPを整理してどのようなニーズに対して、どのように解決していくのかをわかりやすく示していきます。そしてその結果としてどのようなベネフィットを提供できるのかについても記載します（図表 2-9）。

　マーケティングは顧客が出発点なので、まずはどのような顧客を対象とするのか、どういうニーズがあるのかをシートの左側に明記します。そして中央部分に、そのニーズに対してどのように価値を創造するのかを商品概要と使用シーン、そしていかにして価値を伝達するのかを記載します。最後に当該商品を市場投入した際の効果を右側に記載します。どんなベネフィットを提供し、いかなるポジショニングを実現するのか、そしてどれほどの収益を獲得できるのか、販売見込み金額を示します。

　ポジショニング欄には、顧客の頭の中にどのような認識を位置づけるのか、競合企業の違いを明確にしてUSP（独自の強み）を記載します。

　BtoB企業では少し異なります。BtoBの場合、購買目的として自社業務の課題や問題を解決することが主たる目的となりますので、その点をコンセプトに記入します（図表 2-10）。そしてその課題や問題点におけ

第Ⅰ部　基本＆実践編

図表2-9　BtoC商品コンセプト　冷やしておいしいビタミンゼリー

ターゲット
- フルタイムで働く40代主婦
- 世帯年収は750～1000万円
- 子どもを持ち、仕事と家事に毎日忙しい
- 家族に、必要な栄養がとれているか気にしている

ニーズ
- 自分がいない時間でも子供にはきちんと栄養補給させたい
- そのまま食べても、少し手を加えてもおいしくいただける菓子を子供に与えたい
- 摂取することによる効能や効果的な摂取方法を分かったうえで、必要な栄養素を摂取させたい

使用シーン
- 平日の子どもおやつ

ニーズ
冷やしておいしいビタミンゼリー（ビタミンA／ビタミンB1／カルシウム）
- 毎日のおやつで子どもに不足しがちな栄養素を簡単チャージ
- インターネット通販で手軽に購入できる。定期購買すれば買い忘れなしで安心
- 1個50円（税別）定期購買セットとして30個入りのお徳用パックは1200円（税別）

価値伝達
- 栄養素理解促進の為のWebサイトで価値訴求
- 子育てサイトとのジョイント企画や、SNS広告、経済誌へのパブリシティ展開など
- 栄養士等の専門家とのコラボ企画
- 販売チャネルはメーカーダイレクトチャネル

販売見込み
- 初年度1,300万個（定期購買17,000セット）

ベネフィット
- 【親のベネフィット】自分がいない間でも安心して、子供の栄養バランスを整えることができる
- 【子供のベネフィット】おいしいお菓子を食べるだけで、偏りがちな食生活を補足し丈夫な身体をつくることができる

ポジショニング
- 子どもに不足しがちな栄養素（カルシウム、ビタミンB1、ビタミンA）を美味しいおやつで補給
- 家事に仕事に忙しい私でも簡単に家族の栄養管理ができる

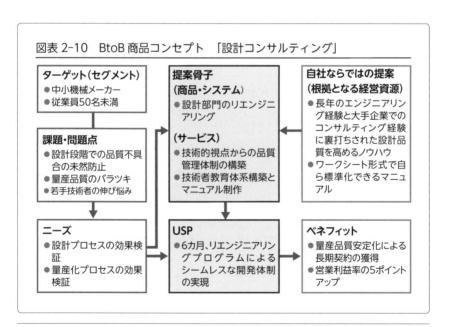

図表2-10　BtoB商品コンセプト　「設計コンサルティング」

るニーズは何かを記します。それと競合企業との優位性はどこにあるのかということを、「自社ならではの提案」欄に明確化していきます。

BtoB企業には、直接の顧客となる企業（B）だけでなく、その先に生活者（C）があるパターンがあります（207ページ参照）。例えば家電メーカーを顧客とする部品メーカーは、家電メーカーと生活者が顧客となります。BtoBtoC企業の場合、エンドユーザー（C）のニーズを明らかにして顧客企業（B）のベネフィットを高める、というコンセプトになります。

顧客企業（B）のベネフィットは、「**QCD**」という切り口で整理をします。自社商品・サービスによって顧客企業の**品質（Quality）**をどう高められるのかという視点でベネフィットを検討し、自社商品を使用することで削減できる**コスト（Cost）**について検討します。価格を下げられるという直接的な効果の他に、製造時間や販売時間を削減できるか（時間的コスト）、手間を削減できる（エネルギーコスト）、不安を払拭できる（心理的コスト）ことなどを検討していきます。そして、**納品形態（Delivery）**です。自社商品・サービスを使うことで、納期が安定したり、短縮することができたりという観点で検討をすすめていきます。

◆ 第5プロセス：価格の決定

● 価格決定の３つの基準

価格をいくらに設定するかは価値の大きさに影響を与えます。顧客は支払うお金（価格）と商品によって得られるベネフィットを比較しているからです。コストパフォーマンスという言葉がありますが、顧客は支払ったコスト（価格）とパフォーマンス（成果）のバランスを評価しているのです。得られるベネフィットにどの程度の価値があるかという基準で価格の妥当性を測っています。

基本的な価格設定方法として３つの基準となる考え方があります。①**コスト基準方式**、②**知覚価値基準**、③**競合基準**、の３つです。

①コスト基準方式

コスト基準方式は、**商品を生産するためにかけたコストに、獲得したい利益を加えて価格設定する算出方法**です。**コストプラス方式**と**損益分岐点法**がありますが、まず、コストプラス方式は次の公式で価格を設定します。

価格＝固定費＋変動費＋利益 … コストプラス方式

固定費とは、商品を製造していなくても固定的に発生するコストで、従業員（正社員）の給与や工場の賃料などが該当します。売上の多少にかかわらず金額は変わりません。変動費は、生産量に応じて発生するコストで原材料や販売員のインセンティブ、期間雇用従業員の給与などが該当します。変動費は売上に比例して増加していくコストです。こうしたコストを積み上げ、利益を上乗せしたものから価格を算出します。

一方の、損益分岐点法による価格設定の公式は次のとおりです。

価格＝コスト×（1＋目標利益率）／目標販売数 … 損益分岐点法

損益分岐点法は、まず目標販売数を決め、そのために必要なコストを算出します。そのコストに対し目標利益率を掛け合わせ、最後に目標販売数で割り算し、1商品当たり価格を算出します。そして販売して得られた金額「売上高」と、かかった「費用」が同じ金額となり、損益がプラスマイナス0になる状態、これが損益分岐点です（図表2-11）。利益はないけれど、損もしていない状態です。売上高が損益分岐点を上回ると利益が出ていることになります。反対に損益分岐点に満たない売上高の場合には損失が生じています。損益分岐点の値を算出することで「最低どれだけ売れば利益が出るのか」がわかるのです。

これは、市場動向に鑑み、損益分岐点を捉えながら商品の成長を視野

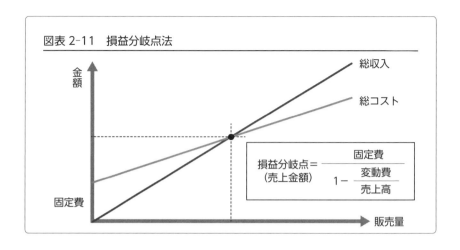

に入れた価格設定方法です。目標販売数量を算出するには、顧客の受容性や競合商品との優位性を予測することになるので、より論理的な価格算出方法といえます。

②**知覚価値基準**

知覚価値基準は、**顧客がどれくらいの価格をイメージしているのかを基準として設定する価格**のことです。

例えば缶ビールであれば200円くらい、コンビニ弁当であれば400円くらい、靴下であれば3足1000円といったように顧客は価格帯をある程度イメージしています。そうした価格帯を参考にしながら価格を設定していくのです。

③**競合基準**

競合基準による価格設定法は、すでに市場にある商品を基準に価格を設定する**「市場価格追随法」**と、業界内のマーケットリーダーの設定する価格を基準として設定する**「マーケットリーダー追随法」**があります。

価格設定にはこのように顧客、競合企業からの設定の切り口に加えチャネルの動向も勘案して、自社のコスト構造、生産設備や調達力が対

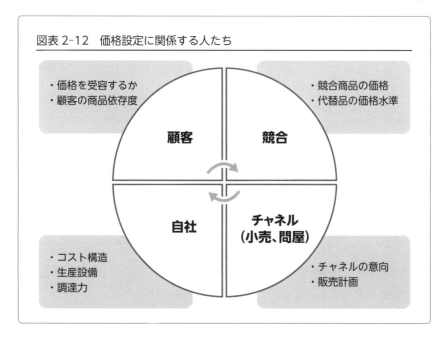

図表 2-12　価格設定に関係する人たち

応できるかどうかを検討し、総合的に設定してきます（図表 2-12）。

● 「知覚価値基準」を決める調査法

　3つの価格決定基準の中で、自社商品・サービスの価値を顧客の立場で適切に反映し、価格を設定できるのは、「知覚価値基準」です。**知覚価値基準では、顧客がイメージしている価格を適切に把握することがポイントです。** 自社の提供する商品サービスにいくらであればお金を払うのかということを、顧客に聴取することで把握していきます。それにはPSM 分析、コンジョイント分析という2つのマーケティングリサーチ手法があります。

● PSM 分析

　PSM（Price Sensitivity Measurement）分析は、簡易に価格受容性を把握することができる手法です。価格に対する消費者の反応を調査することで、適切な価格設定が可能となります。データの収集方法は、い

たって簡単です。ターゲットに対して、4つの価格を聴取するのです。

① （この商品・サービスが）高いと感じる価格はいくらからですか？
② （この商品・サービスが）安いと感じる価格はいくらからですか？
③ （この商品・サービスが）高すぎて購入できないと感じる価格はいくらからですか？
④ （この商品・サービスが）安すぎて不安に感じる価格はいくらからですか？

こうして収集した価格を一定の範囲で括り、構成比と累積構成比を算出しグラフ化します。図表2-13がグラフ化したものになります。縦軸に累積構成比、横軸には価格の範囲を取ります。グラフ化した後で、4つの曲線の交点を読み取って、価格の受容性を把握します。

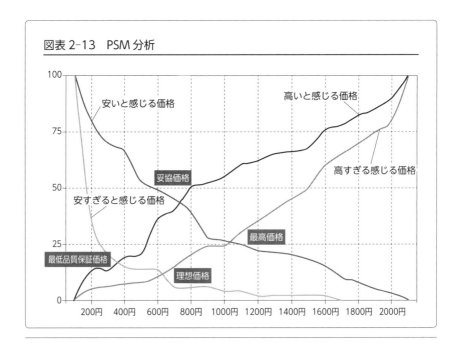

図表2-13　PSM分析

「安すぎると感じる」価格曲線と「高いと感じる」価格曲線の交点の価格を読み取ります。この価格は【最低品質保証価格】で、これ以上安くすると「品質が悪いのではないか」と疑い始める価格となります。

「安すぎると感じる」価格曲線と「高すぎると感じる」価格曲線の交点の価格は、【理想価格】と読み取ります。この商品でこれくらいの価格なら納得という価格（値頃感のある価格）です。

「安い」と感じる価格と「高い」と感じる価格の交点は【妥協価格】と読み取ります。この商品ならこれくらい（価格）でもしょうがないという価格となります。

最後は「安いと感じる」価格と「高すぎると感じる」価格の交点を【最高価格】と読み取ります。これ以上高く値づけをすると誰も買ってくれなくなる価格です。

● コンジョイント分析

コンジョイント分析は、顧客が商品・サービスを購入する際に、1つひとつの特徴を個別に評価するのではなく、個別の特徴が、組み合わされた（conjoint）総合的な価値を評価しているという前提で調査を実施します。商品・サービスのもつ機能や特徴の組み合わせを作り、それぞれについてどの程度購入したいかを聴取することで、各特徴の重視度と適切なレベル感を明らかにするという手法です。

特徴の1つに「価格」をおきます。腕時計をコンジョイント分析にかけた場合を例にとって説明してみましょう。

まずどのような特徴を顧客が判断基準としているかを探索します。「バンドの形状」や「文字盤の色」「時刻の表示方法」「ブランド」が考えられます。そして「価格」も特徴に入れます。次にその特徴のバリエーションを設定していきます。バンドは「皮」や「チェーン」、文字盤の色は「黒」と「青」とします。残りの特徴についてもバリエーションを設定します。そしてそれぞれの特徴を組み合わせてパターンを作ります。

このケースでは、バンド（2バリエーション）×文字盤（2バリエー

ション）×時刻（3バリエーション）×ブランド（3バリエーション）×価格（3バリエーション）としました。すべての組み合わせは2×2×3×3×3＝108通りとなります。108通りのカードを作り対象者（アンケート調査の回答者）に欲しい順に並び替えてもらえば最適な組み合わせを知ることができます。

しかし108枚のカードを並び替えてもらうには多くの時間と対象者の負担がかかります。また108枚の順位をつけるには、正確性にも疑問が生じます。そこで直行計画という統計処理をして108枚を8つのカードに集約します。実質的に8通りの選考順位をつけるだけですべての特徴の重視度と組み合わせを知ることができるのです（図表2-14）。

詳しく説明をすると専門的になりますので、ここではコンジョイント分析によって、対象者における商品の特徴の重視度と最適な組み合わせを知ることができるということだけご理解ください。

図表2-14　コンジョイントカード

Card A	Card A	Card A	Card A
バンド：皮 文字盤：黒 時刻：アラビア ブランド：オメガ 価格：100万円	バンド：チェーン 文字盤：青 時刻：ローマ ブランド：ロレックス 価格：20万円	バンド：皮 文字盤：黒 時刻：記号 ブランド：カルティエ 価格：50万円	バンド：チェーン 文字盤：青 時刻：記号 ブランド：オメガ 価格：20万円
Card A	**Card A**	**Card A**	**Card A**
バンド：チェーン 文字盤：黒 時刻：アラビア ブランド：ロレックス 価格：50万円	バンド：皮 文字盤：青 時刻：ローマ ブランド：オメガ 価格：100万円	バンド：チェーン 文字盤：白 時刻：アラビア ブランド：カルティエ 価格：20万円	バンド：皮 文字盤：白 時刻：ローマ ブランド：ロレックス 価格：100万円

1位（　　　）　2位（　　　）　3位（　　　）　4位（　　　）
5位（　　　）　6位（　　　）　7位（　　　）　8位（　　　）

調査ではターゲットにコンジョイントカードを欲しい順に並べ替えてもらいます。この例では全体の重視度で最も高かった特徴は「価格」で50万円のものを選択したという結果を導くことができました。

ちなみにコンジョイント分析は各特徴の中で最も高かったバリエーションを組み合わせることで、最適な組み合わせを把握することができます。この場合には、文字盤が黒で時刻表示がアラビア、皮バンドでロレックス、50万円の価格という組み合わせとなります。

コンジョイント分析（図表2-15）は対象者をグループ分けして、グループごとに分析することも可能です。「属性の重要度」のグラフでは、20

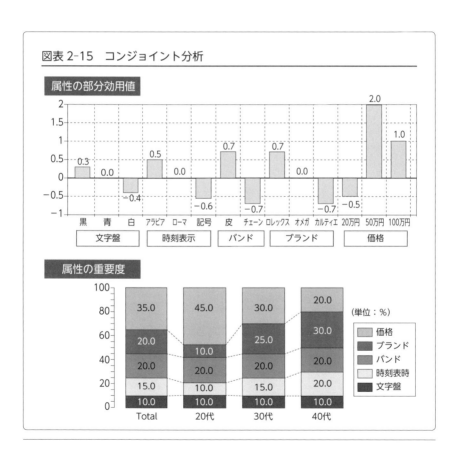

代は価格を重視していることがわかります。30代40代と年齢が高まるにつれてブランドを重視する傾向が強くなることを表しています。

◆ 新商品価格設定の2つの方法

①スキミング

新商品の価格設定は慎重に行わなければなりません。これまで市場にない画期的な商品であればなおさらです。自社の収益方針によって価格を設定していきます[11]。

固定費を早期に回収する場合には、スキミング戦略（上澄価格設定）をとります。スキミングとは牛乳を温めた時の上澄みをすくい取ることを意味しています。**PLCの導入期において高価格でも商品を購入してくれる初期購入者から固定費を回収しようと考える価格戦略です。**

市場に出始めの時期に購入してくれるのはイノベーター[12]やアーリーアダプターです。その商品カテゴリーの関与が高く、新商品が出るたびに購入してくれる人たちです。イノベーターやアーリーアダプターの興味を掻き立てる新規性があることが重要なポイントとなります。

例えばテレビは8Kとか有機ELとか新しい技術やキーワードが出るたびに最初は何十万円もする価格が設定されています。そうした高価格であっても購入してくれる人たちはいるわけで、彼らから研究開発費などの固定費を回収しようということです。6カ月とか1年経つと価格は普及レベルまで低下してきます。そしてアーリーアダプター以降のマジョリティ層に購入者が広がっていきます。

この戦略が成功するためには認知度を高めるための大量の広告投資が必要です。世の中で話題になるほど初期購入者の購入意欲が高まるからです。最近話題の電気自動車や自動運転車も同様の戦略が有効です。

---

[11] スキミング戦略、ペネトレーション戦略は、新商品の導入時に収益をどのタイミングで確保するのかを検討している概念。①コスト基準方式、②知覚価値基準、③競合基準はあくまでも基本的な価格設定の切り口である。

[12] イノベーション普及理論：エヴェリット・ロジャース（Everitt M. Rogers）という学者が提唱。新商品が世に出たとき、最初に購入するのは革新的でチャレンジングな「イノベーター」という人たちだが、普及しないで終わってしまうことも多くある。一般層である「マジョリティ」まで普及していくにはトレンドリーダーである「アーリーアダプター」が購入するかどうかにかかっている。

②ペネトレーション戦略

　新商品の価格戦略にはもう1つ全く逆のアプローチがあります。それが**ペネトレーション戦略（浸透価格設定）**です。ペネトレーションとは敵陣などへの突破、勢力浸透という意味です。**市場が成長しつつある状況において低価格によってシェアを獲得し、競合他社との参入障壁を築くというものです。ペネトレーションの目的はシェア獲得にあり、PLCの成長期〜成熟期に実施されます。**

　T字剃刀がこの戦略をとります。男性ならば一度は経験があると思いますが、T字の剃刀はそのシリーズによって替刃が異なります。カミソリの刃から肌を保護する特殊なシートがついているものや、電動式でブルブルと震えることで肌に優しく剃ることできるものなどテクノロジーが詰まっています。そうした最新の剃刀は替刃つきでも比較的安価で購入することができます。ただ最初は2個ほど替刃がついているのでよいのですが、継続して使用するには新たに替刃を購入しなくてはなりません。これが意外と高価なのです。初期購入した替刃パッケージ製品の単価を上回る価格設定をしています。

　このビジネスモデルは、テクノロジーの進化を話題として浸透させ、比較的安価でトライアル購入を促します。替刃をリピートすることで収益を確保していくものといえます。

　他の例では、ベネッセの通信教育があげられます。ベネッセは、幼児期の「こどもちゃれんじ」から高校生の「進研ゼミ　高校講座」まで、子どもの成長に合わせて長期間のサービスを展開しています。継続して切れ目なく購入するように、入り口の「こどもちゃれんじ」は比較的低価格でサービス提供しています。

　同様のビジネスモデルはスマートフォンのアプリケーションでも活用されています。一定の制限をかけたお試し版は無料です。アプリを使用してみると制限なしの有料アプリが欲しくなります。これもペネトレーションの応用版といえます。無料で見込み客を集めトライアルさせて、

その中から有望な顧客を絞り込んでいくというストーリーです。

　ペネトレーション戦略が成功するためには、商品販売後に、反復・継続購買が期待できるビジネスモデルであることです。新商品の価格設定では、戦略性をもって目的を明確にすることが必要だということを確認しておきましょう。

5 ›› 価値を高める「ブランディング」

◆ ブランドとは

　ここまで価値創造のポイントを体系的に学んできましたが、その中核ともいえる概念がブランドです。**ブランドとは、ある売り手の財やサービスを他の売り手のそれとは異なるものとして識別するための名前、用語、デザイン、シンボル、およびその他の特徴と定義づけされています**（米国マーケティング協会）。

　ブランドの語源は、「焼印を押す」という意味の"Burned"から発生しています。放牧されている数多くの牛から自分の牛を区別するための「マーク」です。強いブランドは、商品パッケージを見たり、ブランドのネーミングを聞いたりしただけでその意味、ベネフィットが思い起こされます。またベネフィットが求められた時に、ブランドが思い浮かぶという相互の関係にあります。

　例えば、ユニクロという言葉を聞き、ロゴマークを見ると、高品質でベーシックな衣料を想起します。そして季節の変わり目にベーシックな衣料が必要になった時にはユニクロのロゴが頭に浮かびます。これが強いブランドということです。

　反対にブランド力が弱い場合には、ロゴなどを見ても何も想起することができません。ベネフィットと表裏一体のイメージが顧客にしっかり

と認識されているのが、強いブランドといえるのです。

◆ ブランド力を高める

商品は工場で作られますが、ブランドは顧客の心の中に作られるものです。優れた技術があれば、新しい商品を作ることはできますが、それだけでは市場から消えるリスクを伴います。自社の商品が顧客の心の中にしっかりと位置づけられれば、いつまでも顧客に愛されるブランドになるのです。そして顧客からの共感と信頼を高める活動を**「ブランディング」**といいます。商品開発はモノの開発で、その概念の外側にあるのがブランディングです。ブランディングは広告やプロモーションを通した意味づけと関係構築を行います。**「顧客との絆の構築」**といえます。

ブランド力を高めることにより、**価格プレミアムと顧客ロイヤルティの２つが向上する効果**があるとされます。価格プレミアムとは、同じような品質や機能でもそのブランドであれば高価格でも購入したいと感じさせる効果です。顧客ロイヤルティは他のブランドに乗り換えない、周囲に良好な口コミを発信することをいいます。

ブランドが強くなれば、単価そのものの上昇（下落防止）と顧客数を増加させることで長期的な利益増加をもたらします。ブランドからベネフィットを想起することは長期間継続しますので、顧客の頭に累積的に刷り込まれていきます。顧客の長期記憶に残るので、単発の広告プロモーションよりも良好なイメージをもたらすとともに、投資効率を高めるという効果もあります。

◆ 強いブランドとなるために

強いブランドとなるには、４つの段階があります。
第１段階：他社埋没段階
商品パッケージを「見たことがない」「ブランド名を聞いたことがない」という人が多い段階です。自社商品が他社の商品に埋没しており、顧客

の目に留まることがなく商品を手に取ってくれる人も少ないという状況です。したがって、ベネフィットも想起されません。

第2段階：ブランド再認段階

「見たこと、聞いたことはある」という状態です。ただし、まだベネフィットは想起されません。ブランドの名前を聞いて、「知っている」という段階です。助けを借りて思い起こすという意味の助成想起で当該ブランドが選ばれるレベルです。

第3段階：ブランド再生段階

「○○といったらAブランドね」とベネフィットとブランドが相互に想起されている状態です。何もヒントがない状態で想起される純粋想起で当該ブランドが選ばれるレベルです。顧客からの期待値が高く、選ばれる可能性は高まります。

第4段階：信頼段階

顧客とブランドは信頼関係で強く結ばれています。これまでの使用経験からブランドの素晴らしさを体感している状態で、当該ブランドを周囲に勧めてくれます。信頼段階かどうかを検証するには、推奨意向を聴取します。「このブランドを他者に勧めたことはありますか」といった聞き方をします。

第1段階の「他社埋没段階」を脱し「再認段階」とするには、当該ブランドに関する良好なイメージを設計します。ポジショニングをしっかりと設定し、ターゲット顧客にどう位置づけられたいかイメージを確立します。そのイメージを広告やプロモーションで伝達し、ブランドの持つ意味をしっかりと訴求し、顧客との関係性を構築します。

次の「再生段階」を目指すには、ブランドの構成要素に一貫性を持たせることが求められます。ブランドのネーミングやシンボル／ロゴマーク、キャラクター、商品パッケージなどのカラー、CMの音楽、パーソナリティなどをコロコロと変えずに一定水準を保つことで顧客の頭の中

に長期間記憶させることができます。

そして「信頼段階」に昇華するには、ブランド体験を蓄積することがポイントとなります。ブランドとは、顧客のブランドとの接点によるイメージの総量ですので、広告やイベントなどによる体験によってブランド価値を高めていきます。商品の品質が高くても企業としての社会的評価が低かったり、販売員の態度が悪かったりするとブランドの価値は高まりません。顧客がブランドと接するすべてのポイントでポジショニングを実現する良好なイメージを根づかせていくことが重要なのです。

♦ ロングセラーブランドの特徴

ブランディングは中長期的な活動です。カップヌードルやコカ・コーラなどは、何十年も継続している**ロングセラーブランド**です。

このようなロングセラーブランドには、いくつかの特徴があります。

第1に、**明確なコアベネフィットの存在**です。ロングセラーブランドには、製品カテゴリー内のポジションが明確で競合他社に侵食されない独特のベネフィットが存在しています。

お洒落なメガネブランドとしてその地位を確立している999.9（フォーナインズ）は、デザインに優れた掛け心地のよい（眼鏡）という明確なベネフィットが確立されています。

第2に、**独自技術を基盤とした優位性が確立**されています。コスト面や品質面での持続的な競争優位性です。累積販売数の大きな企業には経験学習効果が働きます。作れば作るほど製造ノウハウが蓄積されて単位あたりのコストが減少してコスト優位性が働きます。

コカ・コーラのレシピは米国アトランタの金庫に保管されているほど貴重なもので、優位性が高いと有名です。そうした独自技術が長期間の優位性をもたらすのです。

第3に、**便益を伝える優れたコミュニケーション手法**です。ターゲットに対し、有効なコミュニケーションを有するということです。

大幸薬品の正露丸は、テレビやラジオのCMでラッパのジングル[13]を長期間流しており、それだけでブランド名とロゴマークを想起させる効果があります。ロングセラーブランドは音楽やカラー、キャラクターを駆使して便益を伝えるコミュニケーション手法が確立されています。

第4に、**アイデンティファイア**（identifier：識別子）**の一貫性**です。ブランドを他者と区別するネーミング、ロゴ、デザイン、カラー等に長期間一貫性が図られています。

ポカリスエットは目の覚めるようなブルー、スーパードライはシャープなシルバーなどロングセラーブランドは必ずカラーの一貫性が取られています。

最後に、**市場変化への積極対応**を行っていることです。ロングセラーブランドは長期間、顧客と商品の絆の役割を果たします。長い年月には環境変化もありますので、コア・アイデンティティを維持しながら、市場変化に積極的に対応していることが共通点として挙げられています[14]。

BMWは「Freude am Fahren（駆け抜ける歓び）」というコア・アイデンティティを環境変化に上手く適合させながらブランドを維持しています。駆け抜ける喜びを実現するためには後輪駆動（FR車）[15]が前提となりますが、SUV車[16]ブームは、コア・アイデンティティと矛盾を引き起こしてしまいます。そこで前後輪のトラクション配分が道路状況において自動で切り替わり、高速道路やコーナーのアプローチでは、ほとんど後輪駆動状態で走行が可能となるインテリジェント4輪駆動システムxDriveを開発することで、SUV車と駆け抜ける喜びの両方を実現しました。

---

13 ジングル：ブランドを印象づけるための短い音楽のこと。サウンドロゴともいう。
14 時代の変化に適応できないと顧客離反を招く恐れがある。ブランドの持つコア・アイデンティティは何であるのか、何を変えないのかを明確化することによって変化に適応すべきこと、維持することを検討していく。
15 FR（フロントエンジン・リアドライブ）車はトラクション（タイヤが地面を蹴る力）がかかりやすく加速性能が良いのでスポーツカーに必須。
16 SUV（Sport Utility Vehicle）車は4輪駆動車であることが求められるため、BMWのコア・アイデンティティと矛盾してしまう。

第3章
価値伝達
―販売促進とチャネル展開

●本章は、商品・サービスの価値をいかにして顧客へ届けるか、伝達方法を解説します。
●認知・興味・購入までのプロセスと流通チャネルまで、インターネット時代の価値伝達の概要を含めて説明します。

1 » 価値伝達としての「販売促進活動」

◆ 価値伝達の2つの活動

ターゲット顧客に対して価値を創造した後は、その商品・サービスの魅力をターゲットに対して伝達していきます。情報がターゲットに届かなければ、購入されることはありません。ターゲットに対して商品・サービスの魅力を伝える活動をする必要があるのです。

価値伝達は、テレビCMやインターネットの広告やイベント、キャンペーンなどを行って購買を喚起する**販売促進活動**と、実際の商品・サービスを販売する**チャネル展開**の、2つの活動があります。

◆ 販売促進活動を考えるうえでのフレーム

① AIDMA

まずは販売促進活動です。マーケティングは顧客の立場で検討することが重要ですので、販売促進も顧客が商品を購入するまでの意識の変化と行動のプロセスをベースにして検討していくことが求められます。

顧客が商品やサービスを購入しようとする意識行動のプロセスを整理したものに、**AIDMA**（アイドマ）があります（図表3-1）。まず顧客が商品を認知して気にかけ（**A**ttention）、商品について関心を示し（**I**nterest）、当該商品が欲しくなり（**D**esire）、商品名を記憶（**M**emory）、

第Ⅰ部　基本＆実践編

図表 3-1 AIDMA の概念

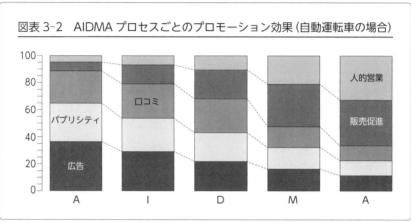

図表 3-2　AIDMA プロセスごとのプロモーション効果（自動運転車の場合）

売場やサイトを訪れて商品やサービスを購入します（**A**ction）。

　AIDMA の各プロセスごとに有効なプロモーション施策は異なります。AIDMA の初期、注意喚起や興味を高める段階では、商品・サービスを広く知らしめる必要があるので広告が有効です。テレビ CM やインターネットでターゲットに対してその商品・サービスの価値を伝達します。そこから、欲求、記憶と購買行動に近づくに連れて人的販売や販売促進（狭義）が高まっていきます。複数のブランドを検討する際には一般的な使用方法や特徴だけでなく、自分自身にとってどちらがよい商品なのか、アドバイスが必要だからです。

　例えば自動運転車で考えてみましょう（図表 3-2）。自動運転車とは何か、どのような機能があるのかを顧客へ知らせるためには、テレビ CM

やニュース番組などで記事として知らせるパブリシティが有効です。そして購買意欲を高め、実際に購買行動を起こさせるにはやはり店頭です。カーディーラーで現物を見て、高い商品知識を持つ店員から商品説明を受けることで、購買行動が促されます。

② AISAS

AIDMA は、アメリカのサミュエル・ローランド・ホール[1]が 1920 年代に著作中で示した概念といわれています。100 年近く昔の概念でありますが、的を射た考え方です。ただ、インターネットの絡む購買行動を説明するには乖離が生じてしまいます。

そこで電通は、インターネットが普及した時代に適用できるように AIDMA を発展させたモデルとして **AISAS**（アイサス）を提唱しました。AIDMA の後半 DMA がネットでの購買行動 SAS にアレンジされています。興味を持った商品・サービスを Google や Yahoo! などで検索（**S**earch）し、購買ボタンを"ポチっ"とします（**A**ction）。そして口コミサイトや SNS で購入したことを「つぶやいたり」します（共有（**S**hare））。

実際には店舗で商品を確かめる人や、店員に相談したうえで購入する人もいるでしょう。またすべての人が購入商品をシェアするわけではありませんが、AISAS の各プロセスで自社が常に選択され、良好なつぶやきを発するように顧客の意識購買行動をデザインすることは、ネット時代のマーケティングを検討するうえでとても重要です。

③ SIPS

さらに **SIPS**（シップス）は SNS の影響を考慮した購買行動モデルです。こちらは電通の社内ユニットが提唱しました。まず、SNS での知人友人の投稿に対して共感（**S**ympathize）します。そして、話題になった商品・サービスをネット上で確認（**I**dentify）します。さらにイベントや購買行動に参加（**P**articipate）し、そこでの体験を共有し拡散（**S**hare & **S**pread）していきます。

---

[1] Samuel Roland Hall　アメリカの広告実務書の著作者。1924 年に執筆した『小売業の広告と販売』（未邦訳）の中で AIDMA を提唱。

SIPSは、AIDMAやAISASなどに取って代わる購買モデルではなく、SNSを頻繁に利用する生活者の購買行動を説明したものといわれています。これらのモデルは必ずしも100％当てはまるものではないですが、広告・販売戦略を考える際、そのプロセスごとに訴求内容を確認することで自社商品サービスの価値をしっかりと伝達することができるのです。

◆ プロモーションコンセプトの作成手順

実務的な販売促進活動は、広告は広告部の業務、キャンペーンは販売促進部、パブリシティは広報部の業務と複数の組織が関わりながら進められます。そこで重複や混乱が生じないように販売促進の各施策をまとめたうえで、**プロモーションコンセプト**を作成していきます。プロモーションコンセプトは、**誰に、何を、どのように伝えるのかを定義づけ、組織横断的に共有**していきます。

① 「誰に」伝えるのか

まず、当該プロモーションは誰を対象として実施していくのかを検討します。基本的には商品コンセプトで設定したニーズを有するターゲット顧客となりますが、購買者と使用者が異なる場合など、商品コンセプトと異なることもあります。

多くのBtoB企業では購入者と使用者が異なります。原材料を加工して製造する生産部門の社員が直接購買取引することはなく、購買部が仕入れを一括して担当します。さらに実質的に購買を決定する意思決定者はまた別の部門（役職者）となります。

ですからプロモーションコンセプトでは実際の使用者だけでなく、購買に関与する部門や担当者を視野に入れて対象者を検討します。

BtoCでも間接的な購買活動がありえます。多くの家庭用の食品は家族である夫や子供が消費しますが、購入するのは主婦というのが多いパターンです[2]。子供用の菓子やドリンクは、商品企画上は子供がターゲットになりますが、プロモーションの対象は母親である主婦となることが

---

[2] 女性就業率が向上し共稼ぎ世帯が増えてきているが、家事負担は女性のほうが高いままである。

あります。[3]誰に対して訴求すれば購買が促進されるかをまず考えましょう。

②「何を」伝えるのか

次に、訴求内容です。何を伝えたらよいかです。その商品の特徴やベネフィットを端的に伝えます。

訴求内容はターゲットの購買意識を高めるために慎重に考えなくてはなりません。訴求内容を検討するには、ニーズに焦点を当てた**ネガティブ回避**とベネフィットに焦点を当てた**ポジティブ訴求**の2つのアプローチがあります。

いうまでもなく顧客が商品・サービスを購入するには理由が必要です。1つは購買動機の初期段階のニーズです。生命保険で「将来の病気やケガに備えて…」というように先行きの不安を払拭するための表現内容です。ただニーズに焦点を当てるとネガティブ回避の色合いが強くなりがちです。「スマホのセキュリティソフト」のようにカテゴリーが未成熟な段階では、ニーズそのものが一般化されておらず危機感を煽るネガティブ回避は有効ですが、あまりネガティブに偏りすぎるのもかえって購買意欲を削ぎかねません。

そのような場合はベネフィットに焦点を当てたポジティブ訴求が有効です。生命保険であれば、「備えあれば患いなし、今日も元気に人生を楽しもう」というようにリスクを回避した結果得られる情緒的ベネフィットに焦点を当てます。さらにカテゴリーが成熟化している場合には記号的ベネフィットを訴求します。「人生を楽しむためのベストパートナー」といったところでしょう。

訴求内容は媒体によっても異なります。テレビCMやインターネットのバナー広告は一目でその商品の価値を伝える必要があるのでUSP（独自の強み）を基本として端的に伝えます。商品のブランドサイトにはそのこだわりや開発ストーリー、効果的な使用方法など丁寧に説明することで購買を喚起します。文字だけでなく、写真やイラストや動画も

---

[3] 玩具では男の子向けのおもちゃで父親がターゲットになることもある。その他祖父母もターゲットになり得る。

活用しわかりやすく説明します。

③「どのように」伝えるのか

「誰に」「何を」に応じて、それを伝える具体的な媒体や展開プロセスについて検討していきます。BtoCの媒体としては、「テレビ」「ラジオ」「新聞」「雑誌」「インターネット」が代表的なものです。インターネットは企業のブランドサイトの他、SNSや動画などに細分化されています。

次ページの図表3-3は、主なWeb広告手法をまとめたものです。SEO、リスティング広告、アフィリエイト広告、SNS広告は新規の顧客を自社のWebページに誘導する目的で使われることが多いものです。

対してリターゲティング広告は一度検討したことのあるユーザーを再度想起させるための広告といえます。さらにソーシャルメディア対策は顧客との良好な関係性を維持するうえで重要な役割を果たしています。

デジタル化が進展している現代、これらの広告手法を有機的に組み合わせることによって顧客との関係性を維持向上させることが可能となります。

またBtoBの媒体としては展示会やセミナーが代表的ですが、営業担当者によるメールなども有効です。

BtoBとBtoC両者とも活用されている媒体として、電車の中吊り広告や幹線道路上の看板などの交通広告、景品やサンプリング、クーポンなどがあります。販売代理店に対するリベート[4]や年間取組計画[5]もよく行われている手法です。

そしてこれらの媒体に繋がり、ストーリーを持たせることが肝要です。テレビCMやインターネット広告、ブランドサイト、SNSへの投稿、動画広告などがバラバラに掲載されていたのでは統一感が失われ、広告効果は低減してしまいます。顧客の購買意識が高まるように各媒体の位置づけを明確にして[6]、意識が高まるプロセスを構築しましょう。

---

[4] メーカーやサービス提供側が、販売者に対して、販売を促進するために支払う割戻金、キックバックのこと。
[5] 自社商品やサービスを毎月どのように販売していくかを検討する販売計画。
[6] 各媒体の効果として裾野と深さの観点から整理する。例えばテレビCMであれば広く多くの人に伝えることができるが、時間に制限があるので商品ブランド名を認知させることに向いている媒体となる。

図表 3-3　主な Web 広告手法

SEO (検索エンジン 最適化)	Web ユーザーが検索エンジンで自社の商品・サービスに関連する**キーワードを検索**すると、検索結果の**上位に表示**されるようにする集客施策。検索エンジンごとの表示ルールを分析して、上位に掲載されやすくなるよう Web ページ内に散りばめるキーワードに工夫を凝らす。
リスティング 広告	検索エンジンの検索結果画面に表示される**広告枠**に、テキストの広告を掲載する方法。検索キーワードに関連した広告を出せるため、SEO 対策と同等もしくはそれ以上のアクセス増が期待できる。キーワード単位で**オークション形式**の入札が行われ、入札額の大きい順に掲載順位が決定する。
アフィリエイト広告	アフィリエイトは「提携する」という意味。提携する**個人ブログやメールマガジンなどに広告を掲載**してもらい、そこから自社の Web サイトに誘導する方法。多くは**成果報酬型**の課金方式を採用しており、自社サイトを訪ねたユーザーが問い合わせや資料請求、商品購入などアクションを起こした場合に料金が発生する。
アドネットワーク 広告	複数の Web 広告媒体に広告を配信できるサービスのこと。1 つひとつの Web サイトに広告掲載を依頼するのは手間がかかり効果の高い媒体を探し出すのも大変だが、アドネットワーク広告を利用すれば、それらを**一手に引き受けてもらえる**。**多媒体から情報発信**するので、アクセス増も期待できる。
SNS 広告	Twitter や Facebook などの SNS に広告を掲載する方法。年齢や地域、興味関心などの属性をもとに、**Web ユーザーを絞り込んで広告を配信**することもできる。
リターゲティング 広告	Web ユーザーが過去に閲覧した Web ページから、後を追いかけるように関連広告を何度も表示する方法。「追跡型広告」とも呼ばれる。一度 Web サイトを訪問したユーザーは、掲載された商品・サービスに関心を持っている可能性が高いので、繰り返しアプローチをするという考え方。
ソーシャルメディア 対策	SNS に自社または自社ブランドの**公式アカウント**を作成し、Web ユーザーとの「つながり」やコミュニケーションを保ちながら、自社 Web サイトへのアクセスを促す方法。

　図表 3-4 は**カスタマージャーニー**といって、顧客の意識プロセスごとにどのような媒体を使用して次の段階へ移行させるかを明らかにしたものです。顧客の意識を高めるための設計図のようなものです。

　このようにターゲット、訴求内容、訴求方法について明確に記したも

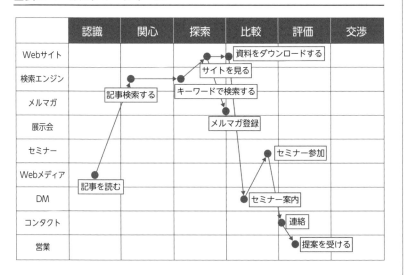

図表3-4 カスタマージャーニー

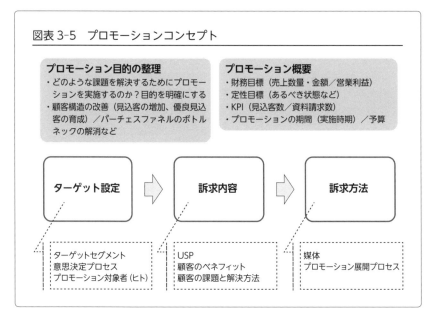

図表3-5 プロモーションコンセプト

のに、プロモーションの目的とその概要を記し、プロモーションコンセプトとして組織内で共有しておきましょう（図表3-5）。

◆ パーチェスファネルによるプロモーションの検討

● 4つの購買プロセスからの検討

販売促進はお客様の購買意識プロセスになぞって検討していきます。①**認知**（その商品の存在を知る）、②**魅力**（よい商品だと思う）、③**購入意向**（所有したい・欲しいと思う）、④**購買行動**（具体的に商品を購入する計画を立てる）の4つのプロセスです。このプロセスはファネル（漏斗）構造になっています。漏斗形態のように入り口は広く先へ進むほど狭くなっていく状態です（パーチェスファネル、図表3-6[7]）。

①段階が最も広く、②③と進むにつれて狭くなり、④は①の何割かになっています。①を100％とすると②は常に100％未満となり、③はさらに②よりも少ない割合で、④は③よりもさらに少なくなります。百発

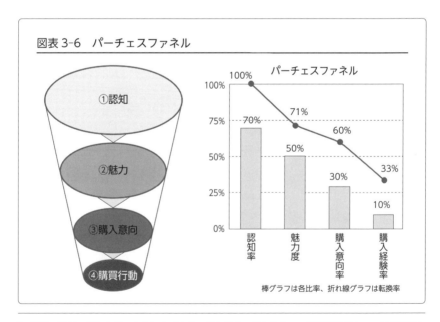

図表3-6　パーチェスファネル

---

[7] 漏斗の入口の認知をどのように広げるか、最も漏斗の幅を狭めている段階はどこで、何が原因かを分析し改善することで最終購入者をいかに増加させるか検討すること。

百中は困難であるとしても、①から②、②から③、③から④と漏れを少なく効率的に顧客の意識を移動させることが求められます。

　どんなに多くの広告を投入して「商品名」が知られる存在になっても、商品やサービスの魅力が充分に伝わらなければ、最終的な④購買行動へは繋がりません。逆に②の魅力が非常に高く、魅力に感じてもらえた場合、ほとんどの人は③購入意向を促進し、④購買行動へ移行するのだけれども、あまり知られていない状態（①認知が低い場合）では、マーケティングとしては失敗です。「知る人ぞ知る」的な状態です。

　パーチェスファネルは商品や時期によっても異なります。適宜パーチェスファネルについて定量的に把握しておくことが求められます。定量化するには、アンケート調査を行うと簡易に測定することができます。

　当該商品ブランドの名前やパッケージデザイン画像をターゲットに見せて、「知っているか（認知）」「魅力に感じるか（魅力）」「購入してみたいか（購入意向）」「購入したことがあるか（購買行動）」を聴取するのです。そしてグラフを作成し、現状をビジュアルに把握します。

● **パーチェスファネルの実践法**

　パーチェスファネルを活用する際に重要なのは、**転換率**をどう考えるかです。転換率とは、前工程からどの程度「引き継ぎ」できたかを示しています。魅力度の転換率は魅力度（50％）÷認知率（70％）＝71％と算出します。ここで転換率が低いプロセスが課題となります。図表3-6のグラフでは、購入意向率に対する購入経験率の転換率は33％と著しく低いので、このプロセスの改善が急務といえます。

　パーチェスファネルを時系列にデータを測定することで当該期間のプロモーションの効果を測定し、次期プロモーションの施策展開を充実させることができます。

　このようにファネルの構造を理解して次工程への移行率を高める工夫が必要です。漏れを少なくするために、なぜ次の段階へ移行しないのか、その要因を検討します。

①認知が少ないのはなぜでしょうか

考えられる要因として、顧客にとって重要なテーマではない、もしくはメッセージがターゲットに見られていないことなどがあります。絶対的な広告量が不足しているのかもしれません。もしかしたらメッセージがわかりにくい（表現の問題）ことが原因かもしれません。対策としてはメッセージや媒体の見直しとなります。ターゲットの特性とニーズを再度確認し、興味関心に合致したメッセージと生活動線上の媒体選定を行いましょう。

②魅力でないのはどうでしょうか

ニーズが深刻ではない（それほど困っていない）ことや、ニーズ解消のためのコストが高い、周囲に購入している人がいないのでよさがわからない、などが要因として考えられます。ネガティブ回避の表現からポジティブ訴求への転換、価格以外の時間的コスト、エネルギーコスト、心理的コスト低減の訴求、初期購入者（アーリーアダプター）の購入体験を用いたベネフィット訴求などが対策として考えられます。RIZAPの利用前後のテレビCMはベネフィットを端的に示しているよい例です。こんなに痩せて素敵になれるなら〜という興味関心を高めた好例です。

③購入意向が低いのはなぜでしょうか

緊急性が低いことや、価格が高すぎるなどのボトルネックが存在することが要因として考えられます。期限つきの割引サービスや、価格の見直し、セット販売などが対策として考えられます。携帯キャリア会社の電話料金とWiFiのセット割引などがよい事例です。

④購買行動が起きないのはなぜでしょうか

意向はあるのに行動に移せない状況です。購買に時間や手間がかかっていることが要因として考えられます。保険商品などで記入事項が多い場合には途中で面倒くさくなり購入が保留になっているケースがあります。そうした障壁を取り除くことが対策として考えられます。

◆ Webマーケティングによる販売促進

● 動画マーケティング

　動画は、テキストや写真などに比べ、見た人に強いインパクトを与え、かつ顧客にとって抵抗感が低いメディアです。文字を読むより動画のほうが楽に情報をインプットすることができるからです。人が話している説明は、安心感も与えられます。動画マーケティングが普及した背景にはスマホの普及と通信環境の向上があります。誰でも、いつでも、どこにいても簡単に動画を視聴できるので広告媒体としての利用価値が急速に高まっているのです。

　動画広告の形式には、動画コンテンツの流れに沿って自然に表示される「**インストリーム型**」と、SNSのタイムライン上で再生される「**インフィード型**」があります。

　インストリーム型とは、YouTubeなどの動画サイト内で配信される広告です。**バナー広告よりも大画面で表示されます**。視聴する動画コンテンツが始まる前に再生されるものと、動画の視聴中・視聴後に流れるものがあります。広告をスキップできないような設定や完全に視聴しないと課金されない仕組みも開発されています。

　対するインフィード型は、SNSやモバイルサイトのフィードの中に表示されるもので、コンテンツとコンテンツの間に表示される広告です。コンテンツの間に表示されるため、SNS利用者の視認性が高いというメリットがあります。クリック率も通常のバナー広告に比べて10倍以上のケースもあります。

　動画コンテンツは、自社のインターネットサイトに掲載したり、同じ動画コンテンツをインターネット広告へ出稿したり、YouTubeやFacebookなどのSNSに動画広告として出稿などを行います。様々な媒体にリンクを張ることで、広告としての利用価値は高まります。

- **インフルエンサーマーケティング**

　動画のメリットを活かした有効な施策として、インフルエンサーマーケティングがあります。インターネット上で影響力のある「インフルエンサー」が商品やサービスの利用シーンや、商品情報を発信するのです。そうすることでフォロワーを通じて口コミで情報が拡散されます。

　最も有名なのが、2015年頃から急激に増加している「YouTuber タイアップ広告」です。企業が自社商品やブランドの宣伝のためにYouTuberに動画の制作を依頼し、配信してもらうことによって自社商品やブランドの広告宣伝を行うものです。

　国内では2016年からInstagramが急速に普及し、Instagram上の人気者をインフルエンサーとして起用する動きも強まってきています。消費財メーカーとの相性がよいファッションや料理、旅行などに特化した人気者も出現しており、インフルエンサーマーケティング普及の土台が形成されています。

♦ インバウンドマーケティングによる販売促進

- **BtoB企業での活用**

　インターネット環境が整備されたここ10年でBtoB企業の購買行動は大きく変化しています。それまでは専門性の高い商品については、出入りの営業担当者からの説明しか知識を得る方法がありませんでした。ところが現在ではGoogleで検索すれば大抵のことを知ることができます。

　こうした専門的な情報をすでに持っている顧客企業の担当者には、顧客の知識を上回る情報や、メーカーならではの付加価値の高い情報の提供が求められます。例えば、自社の商品・サービスに関連した情報やすでに購入している企業の導入事例をホームページに掲載することは有効です。現状多くのBtoB企業のホームページでは会社概要と採用のための事業紹介、イメージ訴求が掲載されています。それらに加えて顧客の

購買プロセスの支援をするという位置づけで見直す必要があります。

　BtoB企業では従来からテレマーケティングやメール、ダイレクトメール（郵便物）などによって、企業側から顧客へ情報を提供していた「アウトバウンド」が主流でしたが、これからは、将来顧客になる可能性が高い見込み客に対して有益な情報を発信することで、顧客のほうから企業に近づいてもらう「**インバウンドマーケティング**」が主流となります。顧客の関心が高い情報を提供し、インターネット上で"つながり"を作る販売促進手法です。

● **インバウンドマーケティングの５つのステージ**

　インバウンドマーケティングには５つのステージがあります。

　①GoogleやYahoo!などの検索エンジンから自社のサイトやブログに来てもらうステージ。来訪者は**潜在顧客**です。

　②PDF化された文書のダウンロードやより深い情報を収集するための入力フォームから個人情報を提供してもらうステージ。この段階で**見込み客**になります。

　③メールマガジンやパーソナライズされた動画などのコンテンツ提供を通じて企業や商品、サービスを理解し、自社商品に良好なイメージを抱いてもらうステージ。この段階で**優良見込み客**となります。

　④自社販売サイトや実店舗から商品やサービスを購入してもらうステージです。この段階で**顧客**となります。

　⑤商品や購買経験を通して、満足度が高まり、友人などに商品やサービスを推すステージです。この段階は**エバンジェリスト（伝道師）**となります。

　このようなステージを踏むと、相互の信頼のもと、効率よく仕事を進めることができます。ただ、インバウンドマーケティングは、成果が出るまでに時間がかかることが難点です。顧客から自発的に接触し実際に購買に至るまで、最短で半年から１年は要します。地道な活動ですが、顧客との信頼関係を強固にできる有力な手法です。

Column 3
生活者の購買パターンを研究する

　BtoC企業が、販売チャネルとの取り組みを検討する際には、自社商品・サービスの購入の仕方を研究する必要があります。1つの着眼点として、**計画購買**と**非計画購買**があります。顧客が購買する商品をどの時点で決定するかということです。来店前にすでに決めていた場合には計画購買、来店後店内で購買決定した場合には非計画購買となります。

　さらに計画購買は**ブランド計画**と**カテゴリー計画**に分類されます。ブランド計画は来店時にすでに購入するブランドまで決定していた状態。

　カテゴリー計画は、来店前にカテゴリーの購入のみ決まっていて、売場でブランドを決定するという購買行動です。例えば、カレーのルーを購入しようと思って来店し、陳列棚の前で、ハウス「バーモントカレー」を購入したという購買行動です。

　マクロミルの調査によると、スーパーマーケット、コンビニエンスストア、ドラッグストアで、計画購買が高いのはドラッグストアで約6割となっています[8]。スーパーは最もブランド計画が低いのが特徴です。日々の料理メニューに悩み、食材を店内で決定するという購買行動が目に浮かびます。

　非計画購買が高いということは、店内での陳列やPOPなどで自社商品の販売を促進できるということです。計画購買か非計画購買かは業態やカテゴリーによって異なります。担当する商品カテゴリーの計画購買率がどの程度かを把握して、販売チャネルと共同の取組をすることが有効です。

　非計画購買には図表3-7のように、想起購買、関連購買、販促購買、衝動購買の4つの購買行動があります。計画購買率と合わせて、非計画購買の実態を把握することで、店頭販促施策を提案することができます。例えば花粉症の時期に店頭で花粉症対策コーナーをつくることで目薬や

8　https://www.macromill.com/seminar/20131030.html

マスクの想起購買を促します。ティッシュなどの必需品は通常よりも値引き幅を高めることで需要を誘発することができます。

流通経済研究所の調査によると、非計画購買の要因として、「商品が目立った」ので選んだという回答が最も多いという結果でした。「知っているブランドだった」は複数回答では最も大きな理由です（図表3-8）。このことは、単に知っているブランドであることは店頭での視認率を高めることには役立ちますが、最も大きな購買要因とはなり得ないことを示しています。ですからテレビCMなどの店舗外の認知を高める活動だけでなく、店頭での陳列方法やPOPなどを工夫した店頭プロモーション活動を充実させることが求められるのです。

図表3-7　非計画購買の種類

想起購買	店頭で商品やPOPを見て商品の必要性が喚起され購入
関連購買	他の購入商品との関連性から必要性が喚起され購入
販促購買	値引きなどの販売促進に誘因されて購入
衝動購買	商品の新規性などに誘因されて衝動的に購入

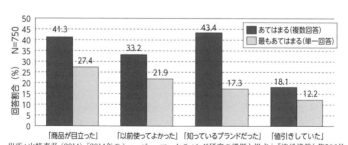

図表3-8　非計画購買の要因

出所：山崎泰弘（2014）「2014年のショッパー・マーケティング研究の課題と視点」『流通情報』第506号（流通経済研究所）より引用

2 » 価値伝達としての「チャネル展開」

◆ 流通の役割

　4Pの中で唯一自社外部にある機能が「Place」、販売チャネルです。

　販売チャネルとは、**卸売業**や**小売業**、BtoBでは**販売代理店**のことを指します。チャネルの構造は多岐にわたります。メーカー直販で顧客までダイレクトで商品・サービスを展開するパターンもあれば、フランチャイズを経て展開するパターン、小売業や、卸を経るパターンなどです。卸が一企業とは限らずに何社も間に入るケースもあります。

　メーカーから顧客までの流れを「**流通経路**」といいます。一般的に日本企業は、他の先進国と比較して、伝統的に流通経路が長いといわれています。メーカーからの直接販売は、影響力が高い、もしくは大組織やカスタマイズが求められる場合に有効となります。例えば酒類メーカーにとって、全国各地に多店舗展開している居酒屋チェーンは大事なお客様となります。そうしたお客様に対しては、通常であれば卸や酒販店を通してビジネス展開するところをダイレクトにビジネスをしています。

　発言力の高い顧客で、提案力が求められる場合には、専門性の高い技術担当、スペシャリストの同行営業が効果的です。医科向けの営業活動は卸を使いますが、影響力の高い医師に対しては直接訪問し、提案活動を通して営業しています。そうした医師は学会等で著名で、他の医師への情報伝達力が高く、その医師の影響を受けて他の多くの医師がその商品を購入するからです。

　一方で不特定多数顧客を対象としている場合、顧客が広範囲である場合、顧客リストを持ち合わせていない場合には、間接販売が有効です。間接流通の持つ機能を変動費として利用するほうが得策だからです。住宅建材の販売チャネルはとても複雑で、間接販売を主流としています。

そもそもチャネル展開は、ビジネスの発展とともにありました。商品の提供側（メーカーなど）と顧客の2社しかなかった場合には、取引の総数は顧客の数だけ広がります。商品の提供会社数に顧客数を掛ける計算式となります。例えば、商品の提供会社数が3社、顧客も3人だった場合に、3社×3人で9回の取引となります（図表3-9）。一方で商品の提供側と顧客の間に流通（ディストリビュータ）が入る場合の取引数は、3社+3人で6回の取引ですみます。歴史的に見るとディストリビュータが出現し活躍することによって、市場は飛躍的に拡大したのです。

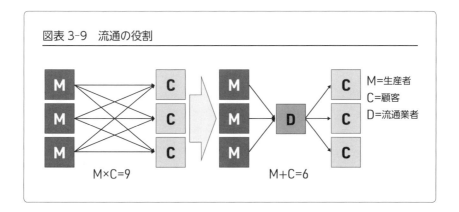

図表3-9　流通の役割

◆ インターネット時代の販売チャネル

ネット活用が進む現代では、ディストリビュータの意義が問われています[9]。商品・サービスの提供側がネット上に自社のホームページを立ち上げ、販売機能を持つことが可能になると顧客とダイレクトに繋がります。このEC（electronic commerce：電子商取引）は人の手を煩わせることなく自動で受発注ができます。商品の詳細な情報を伝えることも、新規の顧客を獲得するための広告宣伝もネット上で完結します。こうな

---

[9] インターネットは、売り手と買い手（ユーザー）の距離を縮める効果がある。amazonはディストリビュータの位置づけで小売業や卸を排除するパワーを持っている。商品説明機能をネットで代替できる業界は今後淘汰される恐れが強い。ユーザーが商品を購買する際には選択するという工数が生じる。1人ひとりのユーザーの状況に合致したカスタマイズ提案が必要な業界には生存価値がある。その他住宅建材のように流通経路が複雑な業界は複数の卸に委ねる必要がある。商品説明機能以外の生存価値を見出すことが今後の流通業界の成否を分ける。

ると取引数を削減するという販売チャネルの役割は小さなものとなります。EC以外でも大手の量販店が購買力にものをいわせて生産者とダイレクトに繋がる、卸の中抜きという状況もあります。

そのような中で流通には、インターネットでは十分ではない顧客情報の収集や独自のプロモーション機能、ロジスティクス（物流）などの機能を強化し存在意義を高めていくことが求められます。逆にメーカーはどのような役割を期待するのかを明確にし、流通との関係性を強化していくことが求められます。

販売チャネルは、マーケティング活動において２つの意味で重要です。

１つは物理的な重要性です。いくら価値の高い商品やサービスを企画開発したとしても、ターゲット顧客の手元まで届かなければ販売実績は上がりません。その意味で、商品を届けるためのチャネルとの取組活動（Place）は、とても重要です。

２つめは、関係性による重要性です。自社系列の流通会社を所有する企業は別として、大抵は自社資本外の別の営利企業なので流通企業の利益にならなければ扱ってもらうことはできません。**Win-Winの取組**が重要なのです。そのためには自社と販売チャネルが、共通の課題を見出して課題解決に向けて、ともに努力するという姿勢が重要です。

♦ チャネルとのWin-Winの取り組み方

販売チャネルとの関係性を良好にするには、まるで同一社内であるかのように理解しあい、コラボレーション効果を実現することです。販売チャネルが何を課題としているのかを考え、その課題に対して有効なソリューションを提供できれば、メーカーとチャネルはより強力な提携関係を築くことができ、スムーズな流通が期待できます。

例えば、取引している食品スーパーが来店客数の増加を課題としているならば、メーカーとして客数の増加に繋がるような販促施策を企画し、その運営を支援するということです。自社商品を使って食品スーパーの

課題が解決すれば当然自社の売上も向上しますし、食品スーパーの客数の増加にも貢献します。共通の課題をもって双方に利益がある取組（Win-Win）を企画することが重要です。

BtoBでも同様です。販売代理店の課題が営業パーソンのモチベーションアップであった場合、販売キャンペーンを行い、報奨金を提供、営業研修を行うなどメーカーとして後方支援していきます。

販売チャネルとの関係性は、「パートナーレベル」「信頼レベル」「推進会議出席レベル」「バイヤー面接レベル」の4段階のレベルがあります。

①パートナーレベル

販売チャネルのトップが「パートナー」と認識し、推進会議[10]には必ずトップが出席します。トップの課題解決に取り組み、信頼関係がゆるぎない状態にあります。取組は単に価格を下げる、協力金を出すといったものだけではなくお金以外の支援に取り組んでいる状態です。

②信頼レベル

推進会議に、商品部長が必ず出席している状態で、商品部長の課題の解決に取り組んでいる関係性です。

③推進会議出席レベル

推進会議には、課長クラスが出席しており販売チャネルの商品部の方針に沿った取組企画が出されています。販売チャネルのバイヤー以外にも他部署のキーマンと面談することができているレベルです。

④バイヤー面談レベル

担当するバイヤーとの面談に留まっている状態です。課題は担当者レベルですので、全社的な取組というよりも個人的な関係性に頼っている状態です。

④から③、③から②、②から①へと関係性を高めていくには1つ上の立場で課題を設定することが有効です。最下層のバイヤー面談レベルであれば、上司や所属する部門の課題を視野に入れた提案します。商品部

---

10 メーカーと販売代理店の利害が一致している良好な関係の元で、共通の課題解決のために開かれる会議。

図表 3-10　代理店の魅力度評価指標

売上高	代理店の売上規模
成長率	売上増加率
仕入れ金額	当該商品の仕入れ総額
店舗数	拠点数
安定性（財務健全性）	自己資本比率、借入有無
意思決定スピード	決断の速さ

長の課題を認識している②のレベルであれば、1つ上、全社の課題を設定することで上のステージに立つことができます。

こうした課題を設定するには、面談する人の立場で、どのような課題認識であるのか、どのような方針のもとで活動展開しているかについて仮説を立て、面談時に確認することがポイントとなります。

◆ 重点代理店の選定による営業効率の向上

メーカーの立場では多くの代理店との取引を維持することは、コスト面でも工数面でも効率的ではありません。同じパワーを万遍なく行使しても、すべての代理店から信頼を得られるとは限りません。限りある経営資源を重点代理店にそそぐことによって効果的な代理店施策が実現できます。戦略とは有限の経営資源の有効活用ということです。自社のビジネスに賛同し協力し合えるであろう代理店を絞り込み（重点化し）、経営資源を集中させるのです。

絞り込みには、**代理店を「魅力度」と「競争力」の2つの軸で選別する手法が有効**です。

● **「魅力度」の指標**

1つめの「魅力度」を測る指標としては、代理店の売上高や従業員数などの規模を示すもの、取扱商品の数や仕入総額などの取引面での基準

となります（図表3-10）。

　魅力度は自社にとっても自社と競合する企業にとっても基本的には同一の評価になります。絶対的な評価として、各代理店がどの程度魅力的であるのかを評価していきます。

● 「競争力」の指標

　2つめの「競争力」とは、競合企業よりも自社のほうが当該代理店にとって優位性を発揮できるかどうかを判定する評価軸です（図表3-11）。「競争力」が高ければ、それだけ容易く代理店に対して接することができます。代表的な指標としては「代理店内シェア」が挙げられます。シェアが高ければ代理店内での自社の位置づけが大きく、こちらの要求や希望が通りやすいということになりますし、自社の方針に対する理解と施策の実行が約束されます。

　「競争力」は「魅力度」よりも評価項目間の関係性が高いので代表的な項目に絞り込んでシンプルな評価とすることも一考です。例えば、取引社数が少ないとカスタマーシェアが高まる傾向にあります。また方針に合致していれば当然シェアは高まります。

図表3-11　競争力評価指標

代理店内シェア	代理店の全仕入に占める自社の割合
親密度	トップ同士の関係性。自社代理店会のメンバー
取引年数	取引年数が長ければ競合よりも優位に働く
方針合致	戦略の共通性
取引者数	取引者が少なければ自社の優位性が発揮できる

● マトリクス表を使った代理店の評価法

　魅力度と競争力の2軸で評価した結果を2×2のマトリクスに整理します（図表3-12）。マトリクスの右上にプロットされた代理店は、魅力

図表3-12　代理店のマトリクス

	競争力 低い	競争力 高い
魅力度 高い	長期攻略	最優先
魅力度 低い	削減対象	効率検討

度も競争力も高いグループで最優先に扱うべき代理店でヒト・モノ・カネの経営資源をフルに使って丁寧に対応することが求められます。営業担当員の訪問頻度も高く、トップ営業も必要となるグループです。

　次に、左上のグループです。このグループは、魅力度は高いが競争力が低いグループです。すなわち、自社が攻略しきれていない代理店といえます。主に競合企業のロイヤルティの高い代理店ですので攻略するのは困難と思われますが、その価値がある代理店のグループです。長期的な計画を立てて、じっくりと取り組むことが望まれます。

　右下のグループは、魅力度は低いが競争力が高いグループです。一番厄介なのがこのグループです。代理店から見れば関係性が高いと感じているので手間をかけてもらって当たり前という認識が懸念されます。営業担当も気心が知れているので精神的に一番訪問しやすい代理店です。このグループにメスを入れて構造改革していくことが望まれます。

　左下のグループは、営業対象としてあまり価値のないグループです。このグループに注いでいる経営資源を削ぎ落して、右上や左上のグループに注力することが賢明です。

　重点化することはビジネスの効果を高めるために重要な考え方です。マトリクスで代理店を評価し、戦略的に取り組むことで効果効率的な販売展開が可能となるのです。

Column 4
デジタルマーケティングとしてのオムニチャネルとO2O

◆ オムニチャネル

　多くの人がSNSでコミュニケーションや情報収集を図る時代には、これまでのプロモーション媒体とインターネットの媒体を組み合わせたデジタルマーケティングの展開が有効です。

　肌身離さず持つスマホは、消費行動そのものを変えるパワーをもっています。生活者を巡る環境は、スマホ、パソコン、テレビ、ラジオ、ダイレクトメール、カタログなどがシームレス（継ぎ目なく）に繋がっています。いつでも、どこにいても注文が出来て、好きな時に、好きなところで、商品を受け取ることができるのです。

　このように、**実際の店舗とインターネット販売の境界を意識せずに購買が行える流通のしくみのことを「オムニチャネル」といいます**。オムニとは「すべて」とか「あまねく」といった意味で、単なるチャネル戦略の域を超えて、プロモーションと統合された価値伝達の概念といえます。**対比されるのが「マルチチャネル」です**。マルチチャネルは実店舗、PC、スマホなどが、それぞれ別々に意識行動プロセスを完結します。

　オムニチャネルでは、実店舗、PC、スマホ、そしてSNSが互いに行き来をしながら各意識行動プロセスを進めていきます。SNSで商品情報を知った後にPCで商品情報を収集し興味を深め、実店舗で複数商品を比較検討、スマホ決済で購買し、コンビニで商品を受け取るといった具合です。認知から興味、比較検討から商品の受け取りまでの経路をあらゆるチャネルを使って展開します。

◆ O2O

　デジタルマーケティングには「**O2O 戦略**（Online to Offline）」という、インターネットとリアルの店舗を結びつける概念があります。ネット（オンライン）から、店舗（オフライン）での行動へと促す施策のことや、オンラインでの情報接触行動をもってオフラインでの購買行動に影響を与えるような施策のことを指します。ホームページでクーポン等を取得し、店舗でクーポンを利用するという行動が当てはまります。

　O2O 戦略での成功事例として、資生堂の「ワタシプラス」があります。資生堂のブランドサイト、EC サイト、店舗情報などを総合的に扱うサイトです。資生堂のリアル店舗では肌の診断や美容部員によるカウンセリングなど、顧客一人ひとりに合った商品の提案を行っています。専門的な知識やスキルを裏づけとした顧客に密着したサービス展開です。

　店舗で取得した購買データや会員登録の個人の肌データなどを分析し、顧客に合わせたコンテンツの提供やメール配信、CRM 施策を展開し、インターネット上でその顧客に合った商品を勧めることもできます。

　サイトで商品を調べる→オンラインで美容相談→セルフチェック→美容情報閲覧→店舗を探す・予約→店舗でカウンセリング→商品購入、という一連の流れをコントロールしています。こうしたプロセスによってスマホ社会に生きる顧客の利便性と高い満足を提供しているのです。ワタシプラスは、O2O 戦略の成功のための3つのポイントを示唆しています。

　①店舗ならではの価値提供（レッスン・サンプル提供）による来店促進
　②サンプル受領や予約などによるユーザー情報の獲得
　③店舗販売員を紹介するブログや記事による信頼感の醸成

　こうした施策が店舗へ来店を促し、双方向でのコミュニケーションを実現しているのです。

第 **4** 章

情報収集と分析
―マーケティングリサーチと仮説設定

- 本章では、データを集めて、それをマーケティングに役立てる方法を学びます。
- すでに存在しているデータを活用する方法、新たにデータを収集する方法を学んだうえで、情報を活用してFactを見出し、仮説を立ててマーケティング施策に繋げていくにはどうしたらよいか、イメージできるようになります。

1 » マーケティングデータの種類と情報収集のポイント

◆ 2次データと1次データ

　マーケティング活動には、データ収集が欠かせません。とはいえ、いつも自分たちでデータ収集する必要があるわけではなく、公開されているデータを活用することもできます。

　自分（分析者）以外の第三者が収集、加工分析したデータのことを「2次データ」といいます。すでに実施してある統計調査や記録されたデータが該当します。さらに、2次データは社内で過去に実施されたアンケート調査や売上履歴などの「未公開データ」と、社外で公になっている「公開データ」に分類されます。このうち、公開データは「**オープンデータ**」とも呼ばれます。ちなみに新たにデータを収集したり、アンケート調査を行ったりしたデータを「**1次データ**」といいます[1]。

　オープンデータは玉石混交です。統計的にしっかりとした裏づけのあるデータもあれば、フェイクニュースなみに怪しいデータもあります。ビジネスチャンスを探索するには「**Factデータ**（事実や実際に起こったこと）」に着目することが望まれます。

　まずは、確実な情報に着目しましょう。確実な情報とは、事実ベース

1　分析者が立てた仮説を検証するためにアンケートやインタビュー、観察調査などの方法で収集したデータ。

図表 4-1　よく使われるオープンデータ例

無料	**政府が実施している調査データ** ● 統計専門のサイトを持つ総務省、厚生労働省、内閣府などでも国民生活の動向を調査している ● 総務省統計局は統計専門のサイトで国の統計の中枢機関として、国勢調査をはじめ国勢の基本に関する統計の企画・作成・提供、国の統計全体の企画及び横断的な調整を行っている。国勢調査、事業所・企業統計調査、人口推計、労働力調査、家計調査、消費者物価指数などが網羅されている **国立国会図書館** ● 国内で発行されたすべての出版物は、国立国会図書館に納入される ● 雑誌のバックナンバーや、専門的なレポートを入手するのにも役立つ **民間企業の研究機関（組織）** ● 業界トップ企業は商品カテゴリー全体の統計情報を公開している ● キリンホールディングスは酒類に関して毎年レポートを公開している。ベネッセ教育総合研究所は小学生から高校、大学に至るまで子供と親の意識の変化について調査資料を公開している ● 広告会社も有効な統計情報を公開している。電通は毎年「日本の広告費」を発表。博報堂「生活定点」調査は生活者の意識面行動面の時系列の変化を知ることができる **業界団体** ● 業界団体や関連する研究機関は、業界全般や加盟会社の詳細なデータブックや調査レポートを閲覧することができる
有料	**MDB（マーケティング・データ・バンク）** ● 日本能率協会総合研究所が運営。公開情報の収集から業界調査や、マーケティングリサーチまで幅広く情報をカバーしている **日経テレコン** ● 日経4紙のほか主要新聞の記事が検索できる。日本経済新聞社系列の雑誌や週刊東洋経済、週刊ダイヤモンドなどのビジネス雑誌の記事も閲覧範囲
一部有料	**ネットリサーチ会社** ● ネットリサーチ会社の販促目的であることが多いが、社会情勢やトレンド情報について独自調査を実施しており、タイムリーな情報を入手できることが多い

の数値データで、統計学に基づくサンプリング方法で誤差が少ない統計情報をいいます。事実ベースの数値データとは、人口数、世帯数、年代別、所得などの**デモグラフィック**[2]な情報です。企業情報であれば売上高、利益などの実績、結果データのことをいいます。決算情報は自己申告ですが事実に基づいて申告されているという前提でFactとします。

統計学に基づいたサンプリング方法で誤差の少ないデータとしては、総務省統計局[3]が管轄する調査結果が該当します。それらの統計調査は大量のサンプルデータ[4]ですので、誤差が少なく事実度合が高いデータといえます。オープンデータの情報源は無料のものもあれば、有料のものもあります。図表4-1に、よく使われるオープンデータ例をまとめましたので、必要に応じてアクセスしてみてください。

◆ 効率的な情報収集4つのポイント

1990年代後半、筆者がマーケティングの仕事をはじめた頃はデジタル化が進んでいなかったため、霞が関にある政府刊行物センターで統計資料を購入し、データをExcelに手入力するといった具合です。現在は反対に情報がありすぎて困る、処理する時間が足りないというのがマーケターの悩みとなっています。

データ収集ははじめると、きりがありません。効果的に情報収集するためのポイントは、①**目的を明確にすること**、②**対象を明確にすること**、③**課題を明確にすること**、そして④**初期仮説を設定すること**、です。

①目的の明確化

情報収集にもレベル感があります。ブレスト準備のためにサラッと状況を把握するのか、役員プレゼンのための詳細な情報収集なのか、目的によって情報収集の深さは変わってきます。どの程度情報収集を進めるのか、予め目的を明確にしておきましょう。例えば顧客企業を訪問する際には、顧客企業の需要動向を押さえておけば充分です。新商品企画の

---

[2] 人口統計学的属性。
[3] https://www.stat.go.jp/
[4] 明確な定義はないが、一般的にはサンプルサイズが1000以上のものが多い。

需要予測をするには対象となる顧客数や、競合企業の動向、顧客ニーズに対して新商品がどの程度受容されるか詳細な情報が必要になります。

②対象の明確化

情報収集は進めるうちに、あれも知りたい、こっちはどうなっているのだろうかと対象が広がっていきます。最初に何について情報収集するのか、対象を明確にしておきましょう。例えば自社商品の売上不振の原因を探索するのであれば、競合商品の販売状況を定量データで押さえ、合わせてカテゴリー全体の販売状況を情報収集することになります。

③課題の明確化

情報収集は、目的に応じて必ず押さえておかなければならない情報があります。情報収集する際には課題を明確にしておきましょう。そうすることでヌケモレのない情報収集が可能となります。例えば、新規事業を企画する場合には、需要予測ができる情報を収集することが必須です。

④初期仮説の設定

そして情報収集の計画が整ったところで、初期仮説を設定しましょう。例えば、競合商品に大ヒットしたものがあった場合には、なぜ顧客に受け入れられているのかを考えてから情報収集します。低価格が受けているのかもしれませんし、デザインがよいと評価されたのかもしれません。もしくは今までユーザーとなり得なかったセグメントを開拓できたからかもしれません。情報収集する前に考えられる要因を洗い出し、最も有力と考えられる要因を証明できる情報を収集するのです。

仮説があれば最短距離で結論を導くことが可能となります。都度思いついたことを、やみくもに調査するのは時間の無駄です。限られた時間を有効に活用するには、情報収集する前に、頭の中にある仮説を整理して、その仮説を検証するという姿勢で情報収集しましょう。

2 » Fact 把握のための 3 つの分析法

　仮説を立てるとき、仮だから何でもいいや、ということではいけません。Fact をもとにした仮説でないと説得力は高まりません。

　重要な Fact を見出すための、基本的な 3 つの分析方法を紹介します。過去のデータを時系列にみて、変化度合の多い数値に着目する「**トレンド分析**」、全体を分解した要素間や比較対象との相違点を抽出する「**比較分析**」、2 つのデータの関係性を見いだす「**相関分析**」です。

● トレンド分析

　長期時系列のデータを収集し、変化の割合が大きい数値に着目する分析方法です。変化の大きいものや、時期に着目します。加工方法は、増減率を算出するとどの程度増加（減少）したのかが定量的に把握できます。棒グラフや折れ線グラフを作成し、ビジュアルに傾向を掴みます。

● 比較分析

　他の要素やセグメントと数値や割合で比較する分析手法です。全体を細分化し、他のセグメントと比較して、顕著に割合が高いもの、低いものに着目します。実数や構成比、平均値などの代表値を算出して比較します。構成比グラフや棒グラフを作成して違いを見出します。

● 相関分析

　目的変数に影響を与える度合の高いデータを探索する分析手法です。目的変数とは売上高や営業利益、クリック数など、企業活動の結果として追い求めるデータ（変数）のことをいいます。それらに対して影響を与えるデータに着目するのです。グラフは散布図を描き、相関係数を算出し、定量的に把握していきます。

◆ トレンド分析

　将来のことは誰にもわかりません。ですが過去のことは調べればわか

ります。**過去の出来事や事象から法則やパターンを学んで将来を予測するというアプローチがトレンド分析です。**

具体的には、①市場規模などを過去にさかのぼってデータ収集し、②グラフ化して傾向を把握し、③増減をもたらす変化要因を探索し、④その変化要因から将来を予測する法則を見出す分析方法です。

時系列にデータを折れ線グラフなどで眺めるだけで、のぼり調子なのか、下降気味なのか現状を把握し、将来の見通しを類推することができます。そして増加傾向にあるデータと減少傾向にあるデータに着目して、その相違点を見出します。

図表4-2はゴールデンウィークの旅行者数の推移です。網かけ部分は前年よりも増加率の高い年ベスト3です。同様にイタリックの数字は減少率の高い年ワースト3となります。2つのグループに共通している事柄がないか検討していきます。まず思いつくのはカレンダーです。

そこで仮説検証です。6年間のカレンダーを集めて、違いを見比べます（図表4-3）。あきらかにベスト3の年は、旅行に相応しい大型連休と

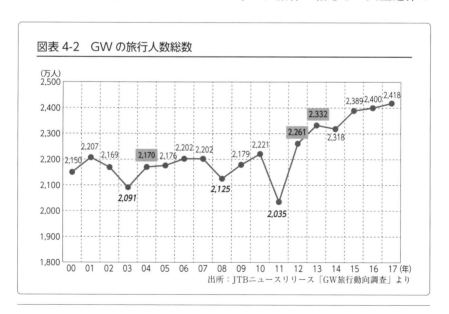

図表4-2　GWの旅行人数総数

出所：JTBニュースリリース「GW旅行動向調査」より

図表 4-3　分析ポイント
■日並び

前年より増加	前年より減少
2013年　前半3連休、後半4連休	2011年　飛び石、前半3連休、中盤3連休
2012年　前半3連休、後半4連休	2008年　飛び石、後半4連休
2004年　前半1連休、後半5連休	2003年　飛び石、後半3連休

■消費者態度指数（内閣府：2003年は四半期調査）

前年より増加		前年より減少	
2013年5月	45.2	2011年5月	34.2
2012年5月	40.2	2008年5月	33.0
2004年5月	47.3	2003年6月	36.0

※ 50が良し悪しのボーダーラインとなっており、数値が高いほど消費意欲が高い

いえる年であることがわかります。

　さらに旅行というと先行きの懐事情と関連があると考えます。そこで仮説検証に内閣府の実施する消費者態度指数を抜き出してみます。ワースト3の年は30ポイント台に対してベスト3の年は40ポイント台と明らかに関連があることがわかります。こうして関連のあるデータを収集し検証することで、「ゴールデンウィーク旅行者数はカレンダーと懐具合によって増減が決まる」という仮説を設定するのです。

◆ 比較分析

　Excelや統計解析ソフトを操ってデータを加工するのは分析の途中です。加工したデータから何を見出すかが最も重要です。その際に有効となるのが比較分析です。全体を見ていたのではわからないことも2つに分割したり、単体では良し悪しが判断できない場合に、他のデータと比

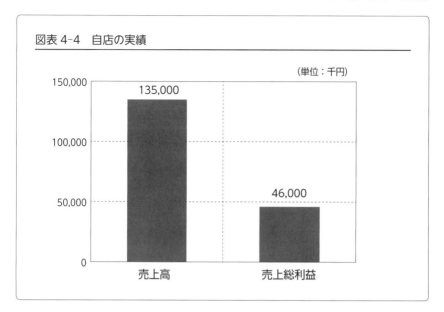

図表 4-4　自店の実績

較したり、相違点を見出すことで状況を判断する手法です。

　図表4-4はある小売店舗の年商（売上高）と売上総利益です。売上1億3,500万円、売上総利益4,600万円、粗利率[5] 34％ですから業績好調な気もしますが、これだけでは何とも判断できません。何か別のデータと比較してはじめて自社の状況を判断することができるのです。

　そこで敷地面積が同規模の店の売上高と売上総利益のデータを収集します（図表4-5）。自社と比較すると、売上は自社のほうが高いですが、売上総利益は同規模店のほうが高い水準にあります。同規模店は粗利率37％ですから、収益性において自店は劣っているといえます。自社は売上を伸ばすことにだけ頭がいってしまい、適正な利益が確保できていない、もしくは薄利多売で売りやすい商品ばかりに力を入れてしまったといった仮説を見出すことができます。

　次は、比較分析の手順です（図表4-6）。まず比較対象を選定します。そのうえで、比較できるようにデータを加工します。さらに加工した数

---

[5]　粗利率とは売上総利益率ともいわれ売上高に占める売上総利益の割合のこと。

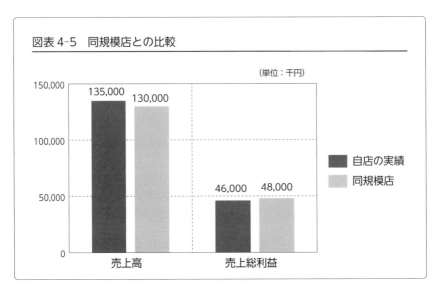

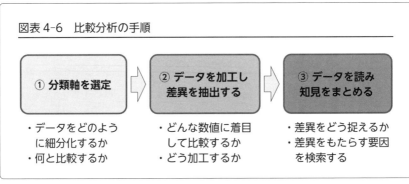

値を読み込み、そこから何がいえるか考察します。分析というとデータ加工で終了と考える人がいますが、加工したデータからどのような知見を見出すのか、考察までしてはじめて分析といえるのです。

データの分類軸は、まずデモグラフィック（人口統計学的属性）を検討します（図表4-7）。ほとんどのオープンデータは性年代別に分析されています。まずはデモグラフィックデータのクロス集計[6]を比較し、仮説を構築しましょう。

---

[6] アンケート調査等で設問に対して各選択肢にどの程度回答したのか、属性別に回答数や割合を示したもの。

図表 4-7　データの分類軸

分類	比較例	わかることやできることなど
デモグラフィック	性別・年代・職業・所得など 企業規模・業種・エリアなど	●精度の高いデータが得られる ●デモグラフィックだけでは特徴を見出しづらい。例えば20代男性には多用な趣向を持ったグループが存在する
時間比較	月別比較（1〜12月） 月内比較 曜日比較・時間比較	●いつ行動しているのか？（購入しているのか） ●購入と使用のギャップなど細分化することでさらなる知見が得られる
経年比較	前年に実施した統計資料との比較	●昨年実施調査データの時系列比較 ●CSデータは行った施策との因果関係を見出すことができ、効果検証に役立つ
行動データ	消費量別 購買頻度別	●対象顧客の消費や購買といった行動レベルで比較する（ヘビーユーザー・ミドル・ライト・ノン） ●2次データからは困難。リサーチを実施する必要がある
意識データ	認知、理解度別 ライフスタイルや特定カテゴリーに対する関与	●ロハスや地域重視型など、意識で分岐する ●行動データと比較して主観によることが多い
他社比較	競合他社との実績、商品評価、イメージ評価など	●メーカー別の生産量、販売実績などは、業界団体の統計資料から見出すことができる ●商品評価はリサーチを実施する必要がある

　時間比較や経年比較、行動データについては、あるものとないものがあります。デモグラフィックの比較分析を行った後、仮説を構築し重要なものについてはアンケート調査等を行うなどして検証しましょう。その際に必要な分類軸をアンケート項目として設定しましょう。

　データの加工方法は、様々ありますが、仮説設定するうえでは、「**構成比**」「**代表値**」「**増減率**」の3点を押さえておけば最低限の分析は可能となります。集団間の比較で、比率を使うと集団の大きさの影響を排除することができます（図表4-8）。

　例えば、47都道府県でどこが最も高齢化が進展しているかを知りた

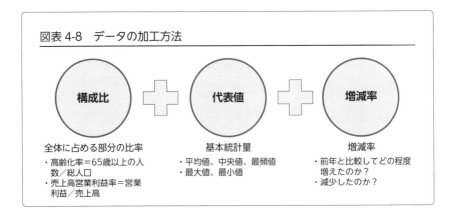

い時に、単純に65歳以上の高齢者の人数だけを比較するのはフェアではありません。東京都の人口が一番多いので、65歳以上の高齢者も多くなります。ですから65歳の人口構成比を算出し、母集団の大小に影響なく比較できるように加工します。また、平均値や中央値、最頻値といった代表値を算出するのもよいでしょう[7]。例えば65歳以上の人口構成比の他に65歳以上の高齢者の平均年齢や中央値を算出することで高齢化の進展を把握することもできます。なお、高齢化がどの程度のスピードで進展しているのかを知りたい時には、増減率を使用します。過去からどの程度高齢化が進んでいるのか客観的に把握することができます。以下の計算式で算出します。

$$増減率 = 増減額 \div 前年実績 \\ = （本年実績 - 前年実績） \div 前年実績$$

◆ 相関分析

相関分析は統計的には少し注意が必要です。

図表4-9の左側は営業担当者の業績を示しています。表頭（表上部の行）には個人別の売上高と、顧客企業への訪問回数があります。表側（表側

---

[7] 平均値：すべてのデータの値を足した合計をデータの個数で割ったもの
中央値：データを最も小さいものから順に並び替え、中央に位置する数値
最頻値：データの中で最も多く存在する数値

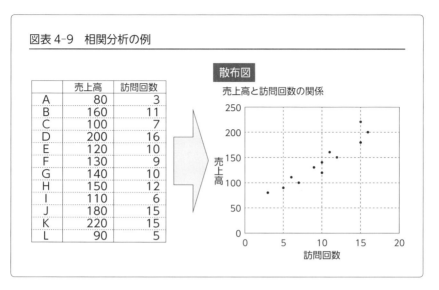

図表4-9 相関分析の例

面の列）は営業担当者の名前です。営業担当者別の営業成績表です。このデータを使って散布図を作成します（右側）。横軸を訪問回数、縦軸を売上高として、営業担当者１人ひとりをプロットします。この散布図を見ると、データが右肩上がりの直線状に分布しており、訪問回数が多い人程売上高が高まる傾向が読み取れます。このような状態の場合、横軸（顧客訪問回数）と縦軸（売上高）には相関関係があるといいます。

２変数（２つのデータ）の関係で片方が増えれば、もう一方が増える（もしくは減る）という直線的な関係がある場合に、相関関係があるといいます[8]。相関度合いを測るのに相関係数を使用します。相関係数は r であらわし、$-1 \leq r \leq 1$ となります。

図表4-10にあるように、相関係数がプラス（正）の場合は、左の散布図のように右肩上がりの分布となります。相関係数が正数なので「正の相関」といいます。逆に相関係数がマイナス（負）の場合には真ん中の散布図ように右肩下がりの分布になります。相関係数がマイナスとなるので「負の相関」といいます。相関関係が全くない場合には右のよう

---

[8] 相関関係は２つのデータ間に関連があるかどうか統計的に求めたもの。原因と結果を表す因果関係とは異なる。

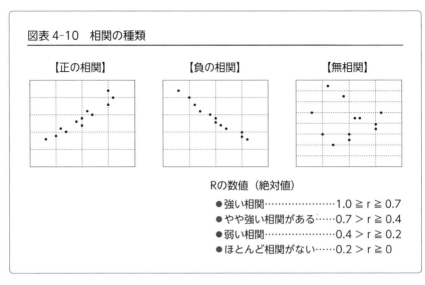

図表 4-10　相関の種類

【正の相関】　【負の相関】　【無相関】

Rの数値（絶対値）
- 強い相関……………………1.0 ≧ r ≧ 0.7
- やや強い相関がある……0.7 > r ≧ 0.4
- 弱い相関……………………0.4 > r ≧ 0.2
- ほとんど相関がない……0.2 > r ≧ 0

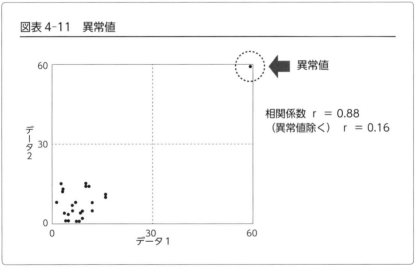

図表 4-11　異常値

相関係数　r = 0.88
（異常値除く）　r = 0.16

な散布図となり、「無相関」といいます。

　相関係数により相関度合いはわかりますが、散布図による確認が必要です。相関係数が高い2つのデータでも、異常値が1つあるだけで高い

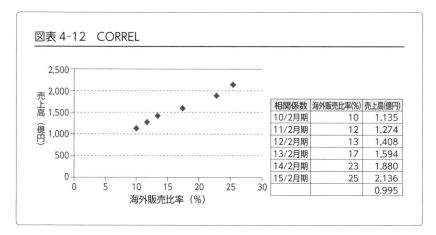

相関係数となりますので、必ず相関係数の算出と散布図の作成をセットで行うようにしてください（図表4-11）。

相関係数はExcelで簡単に算出することができます（図表4-12）。関数はCORRELです。

3 » 仮説設定のためのFact-Finding

Factを把握したら、それがどんな意味を持つのかを考えます。**分析とは平たくいうと、データから意味合い（メッセージ）を抽出することです**。オープンデータから重要なFactを見出し、そこから何がいえるのか解釈するのです。そのことを筆者は「Finding」といっています（図表4-13）。Factの要因や背景を発見するという意味で使っています。

Findingは自由に考察すればよいのですが、全く手掛かりがないのも逆に難しいので「解釈」「要因」「予測」の3つの方向性を示します。

● 解釈のFinding

いくつかのFactがあった場合に、それらの共通項を見出し、集約し

図表 4-13　Fact と Finding

```
Fact ＝ 事実　実際に起こったこと　（truth ＝ 真実）
● ハードファクト……確実な情報
● ソフトファクト……多少の解釈の余地を残した情報
              ▼
Finding ＝ 発見物・所見（医療）・事実認定（裁判）
● Fact から何がいえるのか？　解釈を加えたもの
● 課題の認識によって Finding は異なる
```

解釈することです。例えば「10 代男性の SNS 利用率が高い、10 代女性も高い、20 代男性も高い、20 代女性も高い」という Fact があった際に、「若者は SNS の利用率が高い」と Finding できます。

● **要因の Finding**

　Fact の要因や背景を考察することです。例えば「コンビニエンスストアの客数が減少している」という Fact に対して、その要因を考えます。例えば、「ドラッグストアの品揃えがコンビニエンスストア並みに増えてきて顧客が流出している」などと Finding します。

● **予測する Finding**

　Fact が継続すると将来どうなるかを予測することです。例えば「若者の飲酒率は低減している」という Fact に対して、「10 年後はさらに飲酒する人口は減少していくだろう」という Finding です。

　Fact と Finding は一覧表にして考察するとわかりやすく、俯瞰することで仮説設定に役立ちます。例えば、家計調査年報のグラフから Fact-Finding すると図表 4-14 のとおりです。

　留意点として、Fact は数字で示す必要があります。せっかく抽出した Fact が客観的に伝わるように、定量的に表現しましょう。

図表 4-14　家計調査年報からの Fact-Finding

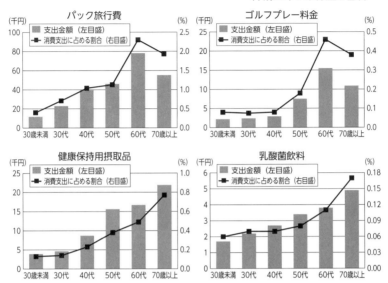

出所：総務省統計局平成 25 年度統計トピックス

Fact	Finding
60代パック旅行費が他年代より高い（78千円）	● 60代はアウトドアを中心に活動的である ● 定年退職後、時間とお金、体力を持て余していると考えられる ● パック旅行やゴルフなど購入に手間のかからない消費を好む傾向があると考えられる
60代ゴルフプレーが他年代より高い（15千円）	
70代健康保険用摂取品（サプリメント）が他年代よりも高い（22千円）	● 70代は健康実現のための出費が多い ● 肉体的な衰えが顕著になることが要因として考えられる ● 錠剤や飲料のように手軽に健康維持ができる商品が好まれる傾向にあると考えられる ● 健康意識、特に予防意識が高まる
70代乳酸菌飲料が他年代よりも高い（5千円）	

Findingはあくまで仮説ベースの考察ですので、重要となるFindingは別途追跡して裏取りしましょう。そうした仮説検証を繰り返し行うことで斬新で説得力のある仮説を構築することができるのです。

◆ 生活者の統計データからの仮説設定

　生活者の状況を把握することは、BtoC企業はもちろん、BtoB企業でも必要なことです。顧客が法人や自治体などの組織であっても購買をするのは"人"だからです。オフィス家具やビジネス用途のパソコンを事業展開している企業は、購買担当者だけでなく顧客企業で働く人の満足度向上も満たさなければなりません。働く人の特性や意識の変化を把握しなければ、競争優位性のある価値創造は叶いません。扱う商品が原材料や部品であっても、最終商品を使用するのはやはり"人"です。最終消費者エンドユーザーの特性やニーズがどこにあるのか把握しているのと、していないのでは提案する商品の説得力に差が出ます。

　このように"人"の動向は事業モデルがBtoB、BtoCに限らずに把握しておく必要があります。そして"人"いわゆる"生活者"を捉える際にも、仮説思考は役立ちます。一口に生活者といっても子供からお年寄りまで、専業主婦からビジネスパーソン、年金生活者など多種多様です。無論、100%正確な実態を掴むことは困難です。また100%正確な実態を掴む必要性もありません。仮説思考で状況を掴めばよいのです。

　仮説設定で最も大事なのは、Factをベースとしていることです。Factの中でも実態や経験などを示す**ハードファクト**[9]に着目します。切り口としては、時間とお金、そして生活行動です。生活者の時間とお金の使い方から状況を仮説設定していくのです。本章冒頭で記載した表などを参考にして、Factデータに着目してターゲットとする生活者の特性を明らかにしていきます。さらにそうしたFactをベースとして**ソフトファクト**である意識データを収集することで、ターゲットのニーズやブランド認知、魅力度等を探索していきましょう。

9　ハードファクト：事実を表す数値データ。統計的なサンプリング方法で収集された統計情報も含む。
　ソフトファクト：少サンプルやサンプル抽出に偏りのあるアンケートデータやインタビュー情報などの定性情報。

Column 5
SNSから定性データを収集する

　Twitterやブログの定性コメントもターゲットや市場の動向を知るうえで有効なツールです。ヤフーリアルタイム検索やGoogle Trendsからどんなキーワードが流行っているのか知ることができます。また、商品に対する口コミ情報もそうしたサイトから収集することができます。ただし、こうしたデータには信憑性の低いものも混在しているので、あくまでも傾向を掴むものと位置づけ、後でしっかりと定量的な裏づけをしなければマーケティングには使えません。SNSから消費者の生の声を収集、分析し、マーケティングに役立てる手法を「**ソーシャルリスニング**」といいます。会社、ブランド、商品に対する評価、評判を共有、可視化して理解や改善に活かすことができます。

　例えば、「麦茶」というキーワードがここ10年で最も多く検索されたのは2018年7月15日から21日で、「熱中症」の最多検索時期と完全に重なります。そして全国で熱中症による救急搬送状況数が最も多かったのもこの時期と重なります（総務省報道資料「平成30年7月の熱中症による救急搬送状況」）。熱中症救急搬送数が多いという報道を受けて、対策としての麦茶の検索が増えたということが類推できます。

　こうしたソーシャルリスニングは、消費者自身が能動的に発する、バイアス（偏った見方）のかからない生の情報として貴重なものです。これまでのマーケティングリサーチは企業からの問いかけに対する反応ですので多少なりともバイアスがかかっているのが実情ですが、ソーシャルリスニングは自発的かつ自然に発せられた情報ですから、実態を適切に捉えることができる情報といえます。

　また、SNS情報を参考にして購買行動を起こす人も増えているため、どのようなキーワードに反応するのか、どのような使用方法が行動を触

発するのか、企業としても把握するメリットは充分あります。**ソーシャルリスニングで収集できる情報は、①ブランドイメージ、②消費者ニーズ、③プロモーション施策の効果、の3点です。**

①ブランドイメージ

ソーシャルリスニングは消費者の本音を得やすく、手軽に調査ができるので、消費者が当該ブランドをどのように位置づけているのか、どのようなイメージを持っているのか、どのような価値を感じているのか、消費者自身の発信する言葉を拾い上げることができます。

②消費者ニーズ

企業ホームページのお問い合わせ窓口などに書き込まれる意見は、関与度の高い人からのものです。SNSでは、スマホから気軽に投稿がされています。何気ない不満点や充足していない事柄などのニーズを収集することができます。

③プロモーション施策の効果

ソーシャルリスニングでは、リアルタイムに消費者からの反応を得ることができます。ネット、リアルを問わず広告やプロモーション施策、イベントなどに対する反応の大きさを測定できます。ポジティブなもの、ネガティブなもの両面収集することができます。またソーシャルリスニングで抽出したデータを活用してリスティング広告のキーワードの最適化や、ディスプレイ広告のクリエイティブやランディングページの表現などに活用できます。

活用範囲の広いソーシャルリスニングですが、留意点もあります。SNSは自発的な発言であるがゆえに、サイレントマジョリティ（意見を表明しない大多数の人々）の意識を掘り起こすことは不可能です。そのためソーシャルリスニングはあくまでも定性情報として捉えることが適切な対応です。ランダムに収集した母集団の中でのマーケティング情報とは一線を画して活用するべきです。

◆ 定性データからの仮説設定

　定性データを読み込むポイントは、発言の背景や要因となる事柄を類推することです。そのためには**ロジックツリー**を作成するのが効果的です。

　まず、収集したキーワードを大き目の付箋紙に転記します。次にキーワードを俯瞰し、上位関係にあるキーワードを縦に配置します。基準となるキーワードを眺めて「それはどうなりたいからなのか？」という問いに合致しているキーワードを上位のキーワードとするのです。

　ここでは、携帯用電動歯ブラシについて考えてみましょう。サイトの口コミを集めて、重要と思われるコメントをキーワード化し、付箋に転記します。キーワードはニーズ表現に変換します。ニーズ表現とは「〜したい」「〜欲しい」「〜でありたい」といった語尾で表現します。例えば「音も静かなのでデパートのトイレでも気にしないで歯磨きができます」という発言を「音が静かなものが欲しい」と「周囲を気にせずに歯磨きしたい」というように表現します。

　このようにして作成したキーワードを1つひとつ読み上げ、上位関係にあるキーワードを探索していきます。例えば「音が静かなものが欲しい」の上位関係があるのは、「周囲を気にせずに歯磨きしたい」となります。上位関係あるキーワードを繋ぎ合わせ、ツリー状になるように整理していきます（図表4-15）。当然限られた発言ですから、上位関係にはないものがあります。それについては分析者が類推し、キーワードをつけ足していきます。

　ロジックツリーをまとめると以下の仮説が設定できます。

　「働く女性の『健康・美容』ニーズという顕在ニーズと、コスメグッズ的要素を付加することで『歯磨きでおしゃれを楽しむ』という潜在ニーズを掴んだことが大きなヒット商品になった。」

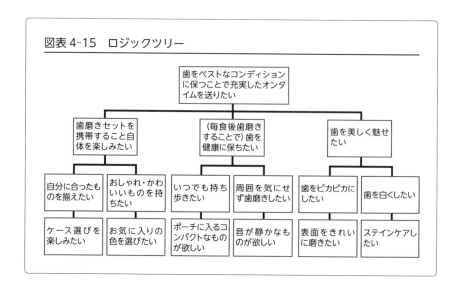

図表4-15　ロジックツリー

4 ≫ 仮説検証のためのマーケティングリサーチ

◆ アンケート調査

　潜在ニーズや商品のアイデアは、検証してはじめてマーケティングに活用することができます。仮説検証にはマーケティングリサーチが役立ちます。マーケティングリサーチには、大きく**定量データを収集するためのアンケート調査**と、**定性データを収集するためのインタビュー調査**がありますが、仮説の検証にはアンケート調査が適しています。アンケート調査は多くの回答サンプルを集められます。さらに多くの回答を集められるので、多少のブレや異常値があっても吸収できる、だから回答結果は信頼性の高いものとなります。また、回答結果から平均値や構成比を算出することによって、集団の特徴を端的に示すことができます。

　アンケート調査の代表的な手法は、インターネット調査です。インターネット調査は最も安価にそして短期間で情報を収集することができま

す。デメリットは調査項目の外部流出のリスクがあることで、パッケージや実際の商品を見せながらアンケートすることは慎重になったほうがよいでしょう。

インターネット調査以外では、アンケート票を対象者の自宅や職場に預けて、回答をお願いし、後日回収する**留置法**、訪問して面接しながら記入していく**訪問面接法**があります。

◆ コンセプトテスト

潜在ニーズを解決する商品のコンセプトを立てた後は、そのコンセプトが実際にお客様に受け入れられるのかを検証する必要があります。**商品を世に出す前にターゲットに対してコンセプトの評価を聞くことで顧客ニーズをテストします**。改良点があればこの時点で修正します。

コンセプトテストで重要なのは誰に聞くか、ということです。あまり商品に関心のない人や流行に鈍感な人に聞いても意味はありません。目的は多くの人にたくさんの商品を購入してもらうことにあるからです。**コンセプトテストでは新しいものを生活に取り入れる、トレンドリーダー的な人の評価を重視します**。調査の中で、流行に関する意識や行動、当該商品に関する意識、こだわりなどについて聴取します。

調査事項は、コンセプトを示す文章に加えて、パッケージや商品の外観も合わせてテストします。文章を聞いただけではイメージしにくく適切な評価とはいえないからです。できれば使用できる状態でテストするのがよいでしょう。食品であれば食べてもらってコンセプトどおりの商品であるかを検証します。洗剤であれば実際に使ってもらうと仮説検証の精度は高まります[10]。

このように、コンセプトテストではコンセプト文章とパッケージ、現物を提示して、評価してもらいます。**評価は「魅力度」「新規性」「購入意向」の３つの観点から行います**。この商品をどの程度魅力に感じるか、どの程度新しさを感じるか、どの程度購入してみたいか、です。

---

10 コンセプトテストでは、どこを改善したらよいのか改善点を聴取することもできる。コンセプト文章や商品概要の改善点を自由に記載いただき把握していく。

選択肢は食品や日用雑貨などの生活者が使用する商品、いわゆるBtoC商材では5段階がよいでしょう。「1. とても魅力的」「2. 魅力的」「3. どちらともいえない」「4. 魅力的でない」「5. 全く魅力的でない」です。魅力という言葉の部分に新規性を感じる、購入してみたい、と置き換えていきます。

生活者の中には商品をあまり使わない、関心の低い人も含まれているので「3. どちらともいえない」を入れておくのです。

ただし、BtoBでは4段階の評価が多いです。企業の購買担当者は、購入する商品に対して関心が高いので、評価をはっきりと下せると考えるからです。「3. どちらともいえない」を除いて4段階とします。

結果の読み方は、トップボックスの数値で判断します。「1. とても魅力的」や「1. とても新規性を感じる」「1. とても購入したい」と回答した人の構成比です。選択肢の最初の項目なのでトップボックスといいます。コンセプトがいけるかどうかを判断する場合には、曖昧な回答、不純物を取り除いたトップボックスの数値を読み取ることが適切です。トップボックスでは、20%以上あれば合格としていることが多いようです。理論的には選択肢が5つありますからトップボックスに入る確率は20%であるからです。

◆ BtoBの仮説検証

● 3つの仮説検証方法

顧客が法人（B）であっても定量的な検証が可能な場合はアンケート調査による定量的な検証が有効です。ただ組み立てメーカーを顧客にもつ部品メーカーや素材メーカーのような純然たるBtoB企業の場合にはそうはいきません。顧客が1社しかない場合もあり得るからです。

仮説検証方法として、①**2次データからの定量的検証**、②**論理的検証**、そして③**顧客インタビュー**の3つの方法があります。

①2次データによる定量的検証：他の企業も同じ課題を持っている、成功企業の優位性の源泉となっている、という説得材料となり得る2次

データを探索します。

②**論理的検証**：課題を解決することで戦略展開のボトルネックが解消されるかどうかの論理チェックを行います。因果関係の検証。課題仮説に着目することがベストな選択であることを論理的に証明します。論理的検証は3つの観点で考察します。

- 効果性：ボトルネックの解消を確実に実現するか
- 代替性：仮説課題以外にボトルネックを解消する手段はないか
- 最適性：仮説課題がベストな選択であるか

例えば、「品切れも売れ残り（在庫）もない状況となる最適生産量の発注をする」という業務課題に対して、「適切な需要予測による最適生産体制の構築」という解決施策のアイデアを持つ場合、以下のように検証していきます。

- 効果性：需要を予測できれば、売れ残りも売り切れも起こりえないので問題解決となり得る
- 代替性：値引き時期を適切に実施すれば同じ効果が得られるが、収益が低下するので代替性は低い
- 最適性：過度な値下げはブランド価値低減を引き起こすので、需要予測がベストな選択といえる

ということで「適切な需要予測による最適生産体制の構築」という解決施策のアイデアは論理的には検証することができたといえます。

③**顧客インタビュー**：当該企業に対して顧客インタビューを行い、実際に課題と感じているかどうか検証します。課題と感じているのであれば（仮説が検証できた）現状の対処方法、今後の方向性について聴取していきます。

● **顧客インタビューのフロー**

インタビューの実施にあたっては、以下の①〜④の項目に沿ってインタビューフローを作成しましょう。

①**顧客情報の収集**：現在の業務上の課題、インタビュー対象者の業務

との関連について聴取していきます。例えば、次のような聴き方があります。「御社のホームページを拝見すると〇〇業務の効率化が急務と思われますが、取組状況は進んでいますか？　△△さんの業務においてはどのような関わりがありますか？」

　②**ストーリーの伝達**：潜在ニーズ仮説を導いた思考プロセスを提示して担当者の反応を伺います。聴き方としては、「御社の企業特性から…Ａにお困りじゃないかという仮説に辿り着きました。このようなことについて社内で議論に上がったことはありませんか？」と問いかけると、よく調べていると顧客は感じ、顧客自身の悩みや検討事項について話が進んでいきます。反対にあまり重視していなかった課題であったとしても、課題仮説に論理性があれば一考してくれるでしょうし、誠実な姿勢が伝われば「それよりも今は〇〇のほうが喫緊の課題なんです」と顧客のほうから答えをいってくれる可能性があるでしょう。

　③**課題の優先順位**：課題が複数ある場合には、顧客に優先順位をつけてもらいましょう。具体的な聴き方は、「私の分析によると〇〇を業務展開するのに必要な課題は①…②…③…と考えています。△△さんの立場で優先順位をつけるとどうなりますか？」となります。

　④**解決の方向性**：課題が確認できたら現在の対処法や解決の方向性について意見を伺います。具体的な聴き方は、「〇〇は重要かつ緊急な課題と考えますが、現在どのような処置をしているのですか？　また今後の課題解決に対しては、どのように取り組むことがベストと考えますか？」となります。

第5章
戦略の立案と実行

● 本章では、ビジネスに欠かせない戦略のモデルについて紹介します。戦略は、事業の計画的な遂行のために必須であり、全社員の行動の指針となるものです。
● 戦略の基本的な考え方の中からマーケティングに関連の高いフレームワークを解説します。そして戦略から課題設定・具体的な施策へ展開していきます。

1 » 戦略とは、重点化

◆ 戦略とは何か

なぜ、戦略が必要なのでしょうか。まず、**戦略とは、目的・目標を達成するための有限資源（ヒト・モノ・カネ・時間・情報）の有効配分、運用の計画と定義づけされます。**

仮に経営資源が無尽蔵にあればすべての市場に対応できますが、ほとんどの企業にとって、あらゆる市場に対応するようなことは極めて困難です。そこで思い切って重点化を図って経営資源を集中させ、競合企業との勝負に挑みます。**どこに力を入れるかを検討することが、戦略立案の意義です。**換言すると「**戦略とは絞り込むこと**」に他なりません。

例えば、アパレルメーカーであれば婦人服も紳士服も子供服も扱うのではなく紳士服一本に絞り込み、しかもスーツだけに品揃えを絞り込むことによって競合他社との違いを出すことができるのです。ここでいう絞り込むことは、重点化を図ることと同義です。

まず、以下の3つの観点でどこに絞り込むかを検討していきます。

Who（重点顧客）× What（提供価値）× How（伝達方法）

誰向けのビジネスを行うのか、商品やサービスを通してどんな価値を提供するのか、そしてどのようにその価値を伝えていくのかということです。3つすべてにおいて絞り込む必要はありません。どれか1つを絞り込むだけでも競合企業との差別化は十分図れます。

例えば、外食業界で注目を集めている「いきなり！ステーキ」という外食チェーンがあります。提供価値（What）においては、余計なサービスを削ぎ落すことで、おいしいステーキを安価に提供することに絞り込んでいます。食事するための椅子もない店舗が多く、ステーキ以外のメインディッシュのメニューもほぼありません。

また、スターバックスは日本に上陸して20年以上ですが、テレビCMなどの広告を一切しません。お店の外まで届くコーヒーの香りそのもので顧客の購買意識を高めているのです。その意味で伝達方法（How）を絞り込んでいるといえます。

◆ 戦略と戦術、計画

次に、戦術と計画について解説します。**戦術は戦略を実現するための具体的な施策展開**です。戦略が中長期、抽象的な概念なのに対して戦術は短期的具体的な方策です。

例えば、パナソニックのレッツノートは、パソコンを使用するユーザーの中で、ビジネスパーソンにターゲットを絞りました。これが**戦略**です。そしてビジネスパーソンの特性や使用シーンを研究し、軽くて丈夫なパソコンを企画開発し大成功を収めました。アプリケーションをビジネスパーソンが使用するものに限定したり、液晶プロジェクターと接続するためのVGA端子を装備しています。これらはターゲットであるビジネスパーソンのニーズを満たすための**戦術**と考えることができます。商品開発だけではなく、ビジネスパーソンに触れあう機会を増やそうと、東京駅で体感イベントを開くといった施策を展開します。これらは戦略を実現するための施策といえます[1]。

---

[1] ちなみに、戦術は通常1年間の単位で検討していきます。

また**計画**は、戦術の具体的な進め方を明記したものです。いつまでに誰が責任を持ってどのように進めていくのか、戦術展開のための細かな業務を時間軸に落とし込む作業のことをいいます。タイムテーブルを引いて目標達成までの道のりを示します。計画なくして戦術を展開していくことはできない、ということです。

2 >> 戦略立案の基本プロセス

◆ 戦略の種類

　「戦略」には、いくつかのレベルがあります。まず最上位概念として、企業をどのように運営していったらよいかの「**経営戦略**」があります。次に、それに従ってビジネス展開を描く「**事業戦略**」があり、事業を行ううえで経営資源をどこに振り分けていったらよいかを検討していきます。そのうえで具体的にどのように事業を展開していくか、ビジネスの機能ごとに、「**営業戦略**」や「**商品戦略**」を検討していきます。またビジネスの基盤となる「**人事戦略**」「**技術戦略**」などもその領域内で経営資源の有効配分を検討していくということに変わりはありません。

　どのような言葉の後に「戦略」がついても共通しているのは、**将来へ向けて現在からどのように手を打っていったらよいかを検討していくこと**です。事業戦略であれば、ビジネス環境の変化を踏まえて将来の状況を予測し、それに備えるための活動を検討していくという手順になります。営業戦略も同様に、顧客や競合企業の変化に対して将来を予測して、打ち手を検討していくというプロセスになります。また人事戦略についても、将来の人員構成や事業展開を踏まえて、現在から採用や育成の打ち手を検討していく、ということになります。**現状分析➡将来予測➡施策**[2]

---

[2] この、現状➡将来予測➡施策のプロセスは、よく空・雨・傘に例えられる。「現状を把握する➡空を見上げると雨雲が空を覆っている」「将来を予測する➡午後からは雨になりそうだ」「施策を立案する➡傘を持っていこう」という具合。こうした日常生活で当たり前のように行っていることを企業活動でも実施していくということ。

という基本的なプロセスで検討していきます。

現状分析して現状に対する対策を立てても、対策ができて実行できる状態になったときはまた別の問題が生じていることがあります。つねに先の事象を予測して検討することが求められるのです。

◆ データ分析の重要性

このプロセスの中で「現状把握」「将来予測」においてデータ分析は重要な位置づけを担います。現状を把握するには、現在のビジネス環境を適正に理解しなくてはならないからです。

例えば、自社商品を購買してくれている顧客がどれくらい存在しているのか、さらにどのような顧客が潜在的にいるのかなどを客観的に把握しなくてはなりません。また自社はたくさん購入してくれている少数の顧客に支えられているのか、それとも購入量が少ない顧客が多くいることに支えられているのか、顧客の構造を把握する必要もあります。

そういった場合に、数字で表すことができるデータ（定量データ）を分析することは非常に重要なのです。たくさん購入してくれる少数の顧客がどれくらい全体に貢献しているのかを正確な数字で押さえる必要があるからです。現状を適正に把握することで、将来それがどう変化していくのかという予測の精度を高めることに繋がるのです。

「将来予測」は「現状把握」を受けて、過去から現在までにどのような変化が起きてきたのかを分析します。その傾向から将来をイメージすることが可能となります。

例えば、将来の需要を予測することができれば、現在から備えることが可能となります。過去から現在までの需要を把握することで、今後どのくらい需要があがるのかを予測することができるのです。また過去を振り返り、需要を増加させる要因を見出すことで、将来再び同じような事象が起きた場合に適切に対処することができます。

戦略は将来を予測し現在から備えること、と述べました。予測した将

来の状況や戦略・施策は現時点ではそのようになるか（上手くいくか）どうかわかりません。その意味で「仮説」といえます。100％正確な仮説を立てることは困難としても、精度を高める努力をしなくてはなりません。そのためには、立てた戦略や施策（仮説）を、多くのデータから検証することが重要なプロセスとなります。実際に予測した将来の状況や、施策がどの程度実現するのかシミュレーションすること、仮説検証することにも、データ分析の大きな意義があるのです。

3 » 自社をめぐる環境を分析する（環境分析）

◆ マクロ環境分析：PEST分析

マーケティング推進プロセスの一番初めは、**環境分析**です。

企業を巡る環境は図表5-1にあるように大きく3つに分けることができます。一番外枠にあるのはマクロ環境です。次に業界環境で、最も内

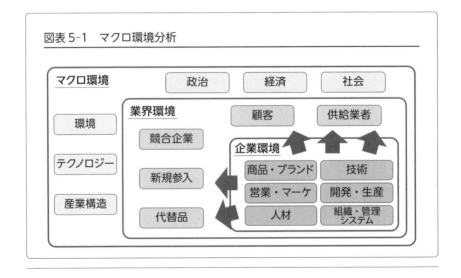

図表5-1　マクロ環境分析

側にあるのが企業環境（内部環境）となります。

マクロ環境とは、法律や経済の動向、社会環境の変化などを指します。 これらの環境変化は、一企業にどうにかできるものではありません。政府の政策に影響を及ぼすことを目的として行うロビー活動などがありますが、絶対的な効果はありません。まして社会環境の変化、特に少子化や高齢化といった人口問題に至っては自社の都合でどうにかできるものではありません。玩具メーカーにとっての少子化は、ターゲットである子どもの減少という事業そのものが立ち行かなくなるゆゆしき問題です。しかし玩具メーカーが1社で、子どもを増やそうと頑張ったところで問題を回避することはできません。受け入れるしかないのです。

大事なのはマクロ環境を自社の都合のよいように変えようとするのではなく、どのように変化するのかをしっかりと見極めて、その変化の中でも事業が成り立つように適応していくことです。 適応とは、例えば大人向けや認知症予防などの機能を備えた高齢者向けの玩具を開発していくということです。

ただ環境分析ということで漫然と思いを巡らしても、うまくビジネスチャンスを見出すことはできません。**PEST（Politics, Economics, Society, Technology）** というフレームワークを使うと効率的に環境変化を捉えることができます（図表5-2）。

● **政治法律的要因**（**P**olitics）

自社が属する業界を取り巻く法律・政治の動きをチェックします。政治動向、法律・通達、規制緩和（強化）などが変化要因です。法律や制度が変わることで、自社のビジネスにどのような影響があるかを考察していきます。

経産省主体で取組が始まった「プレミアムフライデー」が普及していくと、外食チェーンや百貨店などの流通業界は需要が増加する可能性があります。一方で銀行や証券会社などは、プレミアムフライデーによる変化はさほどないでしょう。自社や業界にとって影響が大きい変化要因

図表 5-2　PEST 分析の具体例

	トレンド	
Politics 政治法律的 要因	・自民党政権運営 ・TPP 環太平洋経済連携協定 ・カジノ法案 ・地方創世と１億総活躍社会の実現	・働き方改革関連法案 ・年金制度改革 ・温暖化ガス 25％削減 ・経済成長戦略
Economics 経済的要因	・アベノミクスによるデフレ経済脱却 ・世界経済の好景気 ・アメリカの保護主義政策 ・中国の景気	・オリンピック・パラリンピック需要 ・インバウンド消費の質的変化 ・派遣社員と正社員 ・マイナス金利の影響
Society 社会文化的 要因	・少子化と人口減少 ・健康意識 ・防災意識・危機意識 ・アクティブシニア	・介護問題 ・三世代ファミリー消費 ・エシカル消費 ・ミニマリスト
Technology 技術科学的 要因	・スマホ個人保有 53％ ・インターネット普及率 83％ ・IoT（Internet of Things） ・バイオテクノロジー ・BYOD（Bring Your Own Device）	・電子でバイス（薄型ディスプレイ、小型記憶装置） ・AI（人工知能） ・AR（拡張現実）と VR（仮想現実） ・電気自動車・自動運転自動車

を探すことがポイントとなります。

● **経済的要因**（Economics）

日本経済・世界経済の動きをチェックします。景気動向、GDP、所得増減、消費性向などに着目します。

消費増税による個人消費の低迷は、BtoC（生活者向けビジネス）業界にとっては、大きな打撃となります。円安が進行すると、自動車メーカーなど輸出メインの業界は潤います。逆に食品メーカーなどは原材料価格が高騰し利益が圧迫されます。同じ環境変化要因でも受ける影響は業界やビジネスモデルによって異なるのです。

● **社会文化的要因**（Society）

人口動態や消費トレンドをチェックします。少子化や高齢化、健康意

識の高まり、消費者意識の変化などに着目します。

　世帯数の増加も社会文化的要因の1つです。世帯数が増加すると、それだけ家具や家電用品の需要が増加しますが、サイズは家庭用よりも小さなものが好まれる傾向にあります。

● **技術科学的要因**（**T**echnology）

　技術革新・科学の進展の動きをチェックします。ITの進展、バイオテクノロジー、ナノテクノロジーなどの変化です。インターネットが普及しYouTubeなどの動画視聴が増加すると商品広告の手段が広がり企業のプロモーション戦術に変化をもたらします。技術革新はシーズを生み出し、新たな機能や新製品を生み出すもとになります。

◆ 業界環境分析：5フォース分析

　マクロ環境の内側にあるのが業界環境です。業界とは自社を含めたその事業のプレイヤー、そしてその業界の顧客から構成されます。自社が含まれているのでマクロ環境よりは影響を与えることができますが、それでも業界全体を変革していくということは困難です。我が国は資本主義ですからプレイヤーの都合のよいように話し合ったり、新たな企業が参入できないよう阻止したりすることはできません。原材料メーカーの値上げなどについても業界は無力です。それらの環境変化を受け入れて他のコストを圧縮するなり、価格をあげて顧客に理解を求めるなどの対応をしなければなりません。

　業界分析では、経営学者マイケル・ポーターが提唱した「**5フォース分析**」が役立ちます（図表5-3）。企業の収益は、直接のライバルである「**業界内競争業者**」と「**新規参入業者**」「**代替品**」「**買い手**」「**売り手**」の5つの影響を受けるという概念です。

● **業界内競争業者**

　いわゆる直接的なライバルです。家電メーカーでは、パナソニックと三菱電機、日立製作所がライバル関係にあります。コンビニエンススト

図表5-3　5フォース分析

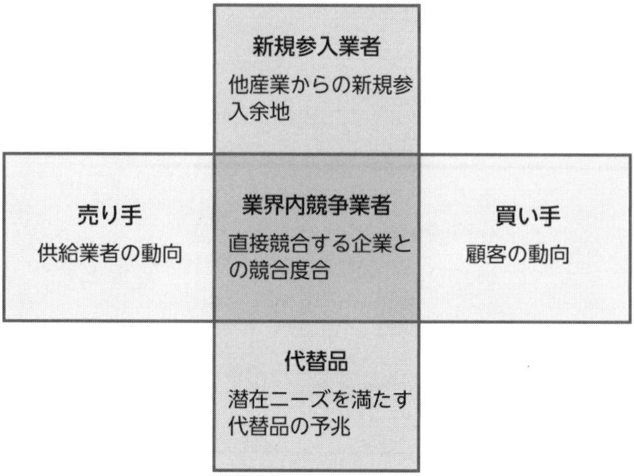

```
                    新規参入業者
                    他産業からの新規参
                    入余地

    売り手         業界内競争業者        買い手
    供給業者の動向   直接競合する企業と      顧客の動向
                    の競合度合

                    代替品
                    潜在ニーズを満たす
                    代替品の予兆
```

アでは、セブン‐イレブンとローソン、ファミリーマート、などです。

　業界内の競合がどの程度熾烈であるのか、競合企業の中で特異な戦略をとっている企業はあるのか、という分析を進めていきます。

● **新規参入業者**

　業界に新しい企業が参入してきていないか、という観点で分析をしていきます。家電メーカーではアイリスオーヤマやバルミューダなどが該当します。既存の大手メーカーにはない柔軟な発想で生活者の潜在ニーズを掘り起こす斬新な商品を展開しています。コンビニエンスストアでは最近新規参入がありません。

　新規参入企業の参入が容易であるのか、どのようなアプローチで参入しているのかということについて分析を進めていきます。

● **代替品**

　現在のメーカーや小売業が捉えていない潜在ニーズについて、既存

企業とは全く別のアプローチで解決している商品やサービスが代替品です。

例えばAmazonが食品や日用品を次の日に配達するサービスを展開しているのは、コンビニエンスストアにとっての代替品といえます。家電メーカーにとってはシェアリングエコノミーなどが代替品に該当します。「所有」から「利用」へ生活者の意識が変化することによって、思わぬライバルが出現することがあります。

新たな手法で顧客のニーズを満たす商品やサービスを提供している企業の動向について分析することは、既存のビジネスから脱皮する発想を提供してくれます。

● **買い手**

顧客の属性や思考にどんな変化があるのか探っていきます。

コンビニエンスストアが日本で初めて出店したのが1970年代半ばでした。当初は若者に人気の業態でしたが、現在の主要な顧客層は中高年です。家電業界でも現在は手間のかからない商品に人気が集まっています[3]。家電の主な使用者である主婦が働くようになったからです。有職主婦の比率は年々高まり、家事負担を少しでも軽減したいというニーズが高まっています。

● **売り手**

原材料や部品の提供業者の動向です。食品であれば天候悪化で原材料が値上げしたとか、災害で供給が遅れるということについて分析します。

供給業者の数が少ない場合や、提供価値のほとんどを供給業者に依存している場合に、供給業者の発言力は高まります。メーカーであれば原材料や部品供給業者が該当します。また供給業者は従業員やパートナー企業という見方をすることもあります。コンビニエンスストアはフランチャイズ形式をとっていますが、人材不足の中で加盟店の人件費負担は増加しています。そうした状況の中でチェーン本部は、加盟店の経営サポートとしてロイヤリティを低減する施策や、少ない人員でオペレー

---

[3] シャープの「ホットクック」は無水調理で重要な火加減や混ぜ、時間の調整をすべて自動でやってくれるので朝食材をセットすれば夕食時には栄養価が高く美味しい料理が出来上がる。有職主婦からの支持を受けている。

ションできるような機器や什器の開発に力を入れています。

　このように、業界分析では「5フォース」の観点で、パワーバランスを把握し、自社のビジネスに影響を与える変化要因を抽出していきます。

◆ 企業環境分析（内部環境分析）

　企業環境は3つの環境の中で唯一、変革可能な環境です。マクロ環境や業界環境の動きを機敏に察知して自社の**強み**でどのように切り抜けていくかを検討していきます。

　自社の強み弱みは4つの観点で整理します。「**技術力**」「**商品力**」「**営業力**」、「**業務プロセス**」の観点です。

● 技術力

　競合企業と比較してどのような優れた技術を保有しているのか棚卸していきます。漠然と技術を整理しても考えつかないこともあるので、商品カテゴリーごとにどのような技術が使われているのか保有技術を洗い出していきます。それぞれの保有技術に関して、競合企業よりも優れているのか否かを評価していきます。

　例えばキリンビールの一番搾り®製法は他企業が追随できない独自の強みといわれています。

● 商品力

　現在販売している商品について客観的に評価することがポイントです。**自社が提供できている機能やベネフィットに対して競合企業ができていないものが強みです**。自社、他社ともに提供できている機能やベネフィットは強みにはなりません。**業界標準**となります。

　反対に競合他社が提供できていて、自社ができていない機能やベネフィットは**弱み**となり、自社競合ともに提供できていないものは**未開発**と位置づけます。

　例えばiPhoneの「感覚的な操作」は強みといえますが、タッチパネ

ルは業界標準となります。また技術的な裏づけだけでなく、広告宣伝やブランド展開によって築かれたものも強みに含まれます。例えば「金曜日はプレモルの日」というメッセージはサントリー「ザ・プレミアム・モルツ」の強みといえます。

- ●営業力

3つの階層に分けて検討します。**①営業担当者の顧客へ営業活動、②営業拠点でのマネジメントと拠点戦略、③営業本部による営業支援体制**の３つです。

各視点について競合他社と比較し、自社の強み弱みを抽出していきます。企業によっては営業活動の質量は高いが、戦略性がないとか、拠点ごとの実績のバラつきが大きく成功事例を横展開できないなどの弱みをもっていることがあります。例えばアサヒビールは個々の営業担当者の活動ベースで共有化するシステムを構築し、成功事例を横展開できる仕組みを持っています。これは③営業支援上の強みといえます。

- ●業務プロセス

顧客ニーズを発見し、商品やサービスの企画、開発設計、営業活動を通して顧客ニーズを充足する一連の流れを**価値の連鎖（バリューチェーン）**といいます。その**バリューチェーン上の各業務の強さや連携状況について強み、弱みを抽出していきます。**

強み弱みは、QTCの観点で抽出していきます。提供する**業務の品質やパフォーマンス（Q**uality）、**時間が長いのか短いのか（T**ime）、**費用が多いのか少ないのか（C**ost）といった観点になります。

化学メーカーの花王は、消費者との直接的な対話を通して、消費者が真に求めるニーズを受け止め、商品の開発や改良、サービスの向上に役立てる活動に取り組んでいます。年間約20万件以上の商品に関するお問い合わせに対して、その日のうちに「エコーシステム」に入力され、品質上の課題がないか社内で厳しくチェックされ、蓄積されたこれらの声から、性能やデザインなどについての要望を抽出し、"よきモノづくり"

に反映する仕組みを持っています。これはイノベーションプロセス上の強みといえます。

◆ SWOT活用による現状分析

環境分析と自社の強みの適応をする際に便利なフレームワークが、**SWOT分析**です（図表5-4）。SWOT分析は、内部環境から強み（**S**trength）と弱み（**W**eakness）を抽出し、マクロ環境と業界環境から機会（**O**pportunity）と脅威（**T**hreat）を抽出します。頭文字をとってSWOT（スウォット）といいます。

図表5-4　SWOT分析

機会（Opportunity）	強み（Strength）
●外部環境の中で自社の事業の追い風となるビジネスチャンスといえるもの ●例えばTPPによる輸出機会の増加・高齢化社会の進展・クレジット使用率向上など	●経営資源（ヒト・モノ・カネ・情報）の中で他社よりも優れているもの ●営業力・商品力・開発力・財務力などが競合企業と比較して優れているかどうかを見極める
脅威（Threat）	弱み（Weakness）
●外部環境の中で、放置しておくと（対策を打たないでいると）自社の事業が立ち行かなくなるような環境変化要因 ●人口減少による見込み客減少・景気低迷による節約志向など	●経営資源（ヒト・モノ・カネ・情報）の中で他社よりも劣っているもの ●営業力・商品力・開発力・財務力など

ただし、**機会、脅威、強み、弱みの４つの箱に状況を記入するだけでは、現状を整理したに過ぎません。それぞれをクロスすることに意味があるのです**（図表5-5）。機会を自社の強みで勝ち取るためにはどうしたらよいか、機会を弱みで取りこぼさないためには何をすべきか、脅威を強みでいかに回避するか、脅威に対して弱みが露呈して最悪の事態を招かないためには何をすべきか、を考えて対策を講じることがSWOT分析の本質です。

図表 5-5　クロス SWOT の具体例

	機会（Opportunity）	脅威（Threat）
強み (Strength)	●伸ばすべき商品やサービス体制。**競合企業に優位に立てる戦略**を検討する ●具体的に「**誰に**」「**何を**」「**どのように**」と大きな動き、方向性が見えるように具現化する	●顧客との**関係性維持**をさらに強化する、**リピート促進の施策強化**など、強みを進化させていくことで脅威を回避する ●脅威が現在の強みを弱みに転換し得る場合は、業務の抜本的な見直しを検討する
弱み (Weakness)	●自社の弱みで機会・チャンスを逃さないために何を成すべきか ●弱みを強みに変換する**アライアンス、取引先との協同取組**などの打開策を検討する中期的な事業活動	●その事業から**撤退や縮小**、絞り込み（選択と集中）をして存続の道を見出す ●事業継続の観点から致命的な事項を回避するために何を成すべきか（**緊急対策**）

　SWOT 分析は事業レベルでも活用することが多く、企業としての有効な方向性を見出すことができる優れた手法です。

　ただマーケティングで検討する際には注意が必要です。自社基準でマクロ環境を分析すると機会と脅威の概念が広くなりすぎる懸念があります。**カテゴリーがある程度決まっている場合には、機会と脅威の抽出を顧客の立場で行うと有効な分析が可能となります**。顧客にとっての外部環境の変化から機会脅威を抽出していくのです。

4 » マーケティング課題の設定

　現状分析により戦略が明らかになった後には、具体的に何を実行すべきか、マーケティング課題を設定します。戦略から課題抽出するプロセスは図表 5-6 のとおりです。

①マーケティング目的の設定
　まずは、戦略を遂行するためのマーケティングの目的を設定します。

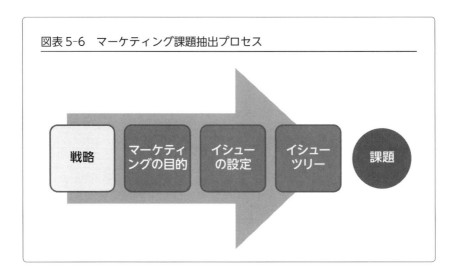

図表5-6　マーケティング課題抽出プロセス

マーケティング目的とは、SWOT分析や戦略方針に基づいて、どのような方向性でマーケティング展開を図っていくか指針となるものです。154ページのコラムで解説しているアンゾフの成長マトリクスに当てはめて、それぞれのマーケティングの目的を考えてみましょう。

- **市場浸透**：市場シェアの拡大（他社顧客奪取）やリピートの促進、ノンユーザーの購入喚起。
- **新製品開発**：商品リニューアル、ブランド・エクステンション、新商品コンセプト立案。
- **新市場開拓**：地理的拡大、新しいセグメントの開拓、チャネルの開拓など。
- **多角化**：関連市場における多角化や非関連市場における多角化。

②イシューの設定

イシュー（Issue）とは、「論点」「課題」「問題」のことで、論理を構造化する際に、「何を考え、論じるべきか」、イエスかノーかによって、その後の事態の展開が大きく左右されるような重要事項のことです。例えば、「ASEANエリアへ海外展開すべきか？」「電気自動車市場に対し

て経営資源を集中すべきか？」といった事業の成否を左右する重要な課題です。新事業テーマ選定など複数の選択肢がある際に行う分析です。

イシュー設定のポイントは、レベル感を揃え、MECEとすることです。すなわち、マーケティングの目的に影響を及ぼす要因を、ヌケ・モレやダブりなく整理することです。例えば、アンゾフの成長マトリクスで、新市場開拓戦略を展開する場合に、マーケティングの目的は、地理的拡大となります。イシューは、国内未開拓の西日本エリアの拡充、アジア市場への展開、北米市場への展開となります（図表5-7）。

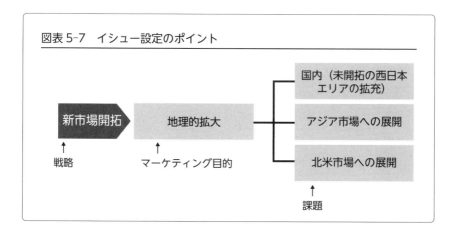

図表5-7　イシュー設定のポイント

③イシューツリーの作成

イシュー特定後、具体的に検討できるレベルまで課題を細分化していきます（サブイシュー化）。サブイシューの検討結果がすべてイエスであればメインイシューに対する結論もイエスとなります。サブイシューはメインイシューに対してMECEになっていなければなりません。

イシュー設定には恣意性、属人性が伴うのでイシュー設定後には客観的、論理的に分析していきます。先ほどの国内未開拓の西日本エリアの拡充であれば、図表5-8のように展開していきます。

イシューをサブイシューに展開する（構造化）ことで課題を具体化す

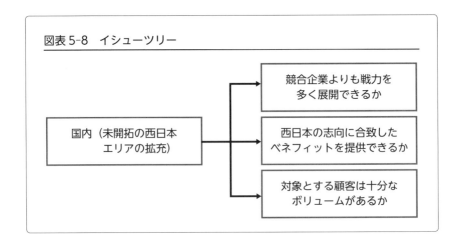

図表5-8 イシューツリー

ることができます。設定したイシューに対してイエス、ノーの結論づけを行いイエスかノーか明確に判断できるまで繰り返します。

5 アクションプランへの落とし込み

　マーケティング課題が明確に設定できたら、具体的なタスクレベルに落とし込み、実行段階に入っていきます。

　マーケティングでは基本的にマーケティングミックスをもとに計画に落とし込んでいきます。商品企画と価格設定のタイミングを合わせて時間軸でタスクごとに細かく手順を検討していきます。販促スケジュール、流通チャネルとの商談や店頭販促ツールの開発展開も同様です。

　まずは各業務をタスクレベルに細かく分解し、どのようなタスクを先に行うべきか、タスクを実行していく順番を効率化が図れるように調整していきます。タスク同士の関連や時間のかかるもの、難易度の高いものもあるのでバランスよく組み合わせていきます。

　タスクの手順が決まったら、誰が責任者となって、どのように実施し

ていくのか検討していきます。アクションプランは、**タスクの抜け漏れ**を防ぐこと、**妥当な処理時間**の設定、**ゴールを明確**にすることに留意しましょう。各業務を遂行するために本当にそのタスクだけで充分なのか、他に必要なタスクはないのか複数人で精査していきましょう。

　処理時間は少し余裕をもって見積もることが必要です。組織で業務を展開していると、どうしてもアイドルタイムやタイムロスが出てきます。2割り増しくらいの余裕をもってスケジュール設定が望まれます。

　最後のポイントが最も重要です。**タスクごとのゴール明確化**です。組織で業務を展開しているとどうしても1人ひとりが流れ作業となりがちです。彼がやっているはずだ、とか前工程の責任だというように他責になりがちです。もちろん自分のタスクに注力していくことは重要ですが、組織で業務を展開する際には**他者との連携**に配慮しなければなりません。タスクごとにゴールを定め、各担当者が共有するようにしましょう。

　ルールとして各タスクがゴール（完了）しなければ次のタスクには手をつけてはいけないとするのがよいでしょう（図表5-9）。こうすることで責任と権限の所在を明確にすることができます。

　戦略実行は戦略立案よりも難しいといわれています。組織で業務を行うことは他者とのコミュニケーションを含め、他部署や、場合によって外部機関も密接に絡むマーケティング業務は他の業務よりも慎重に準備を進めることが求められます。

図表 5-9 タスク毎のゴール

大項目を達成させる具体的なタスクを抜け漏れなく計画する

タスクごとに具体的にゴールをイメージする

タスク	担当者	2月	3月	4月	5月	6月	7月	8月	9月	ゴール
仮説構築	A課長	→	→	→	→	→				
WG発足	B	→								方針周知（各自目標明確化）
方針説明	B		→							方針周知（各自目標明確化）
市場ニーズの仮説設定	C		→							レベル感、顧客の状況仮説
市場規模推定ロジック策定	B			→						説得力のあるロジックで部長確認
第一回ミーティング	C				→					
初期仮説修正	A課長				→					
リサーチ企画	B				→					
調査内容検討	C					→				
リサーチ依頼	A課長					→	→	→	→	
リサーチ会社候補	C					→				
オリエン	C					→				
提案受け	C						→			
選定会議	B						→			
内容修正	C							→		
実行	A課長								→	

責任と権限の所在を明確にする

タスク間の因果関係を想定し所要時間を検討する

Column 6
ポーターの競争戦略論

戦略はシンプルに捉えると3つに集約することができます。**マイケル・ポーター**[4]**は対象とする顧客の範囲と競争優位の源泉によって戦略を3つに分類しています**（図表5-10）。

◆ コストリーダーシップ戦略

対象をマス全体、そして低コストによって競争優位を確立しようとするのが「コストリーダーシップ戦略」です。この戦略は、基本的に業界1位のリーダー企業（業界で最も生産高が多い企業）が採用する戦略です。

リーダー企業は業界で最も生産量が多く、スケールメリットが働きます。多くの製品を製造することで製造ライン設備の稼働率が向上し、製品1個あたり固定費が低減します。また、作業効率が向上し製造時間が短縮、製品1個あたり変動費が低減する経験曲線効果も得られます。他社よりも製造コストがかからないので、安価で商品・サービスを提供し

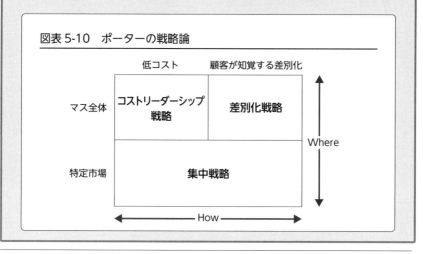

図表5-10　ポーターの戦略論

---

[4] Michael E. Portor、1947－。アメリカ合衆国の経営学者。企業の競争戦略論の第一人者。

ても十分利益を確保することができます。価格面で競争優位を確立することができるので市場全体（マス）を狙うことが可能となります。

　この戦略は単なる廉価品ではありません。よいものを安く提供しなくてはコストリーダーシップ戦略とはいえません。

　日本で最もコストリーダーシップ戦略が当てはまるのはトヨタ自動車です。トヨタ自動車は世界的に製造台数がトップクラスで、まさにリーダー企業といえます。スケールメリットと経験曲線効果から低コスト製造体制を確立し、他社と同等以上の製品を安価に提供することでその地位を盤石にしています。

◆ 差別化戦略

　同じマス全体を対象としますが、顧客が知覚する差別化をもって競争優位を確立しようとするのが、差別化戦略です。 他社にはない機能や品質によって競争優位を実現させるもので、業界2位以下の企業が採用する戦略です。

　2位以下の企業はコスト面ではリーダー企業にかないません。少し価格は高いが付加価値の高い差別化商品で勝負します。図表5-11のイメージです。リーダー企業よりも高コスト高品質の商品をプレミアム価格で提供することによって高い利益を得ようとする戦略です。

　この戦略を採用しているのは、新興家電メーカーのバルミューダです。自然の風を創造する扇風機や、ふっくらとした味わいのパンが焼けるトースターなど生活者の潜在ニーズを捉えた画期的な商品を次々と世に出しています。価格は従来品よりも高いものの多くの人を魅了しています。

◆ 集中戦略

　特定のセグメントに対して資源投資を集中させるのが、集中戦略です。 集中戦略は業界1位の企業と競い合おうと考えていません。業界1位企業が攻めてこないような領域で勝負することを目的としています。

　軽・小型自動車に集中しているスズキのように商品・サービスを集中

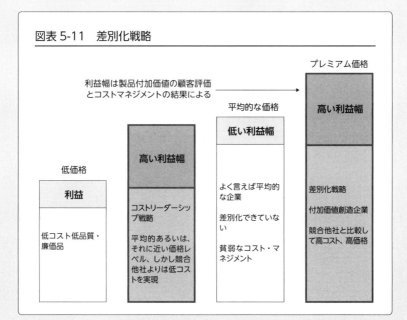

図表5-11　差別化戦略

させるものや、展開エリアを集中するものがあります。都心の小規模物件に出店し固定費を削減し、高い原価率を吸収しようとしている「俺のフレンチ」も集中戦略に当てはまります。

技術や時間に着目した戦略もあります。炭素繊維技術に集中投資している東レ、居酒屋の平日18時まで生ビール300円などのハッピーアワー（19時迄）などがあります。

Column 7
コトラーの地位戦略論

コトラーは、業界内の地位によって取るべき戦略について提言しています。企業の経営資源を量的なものと質的なものとに分類し、それぞれの企業がどのような戦略をとるべきかを考察しています（図表5-12）。

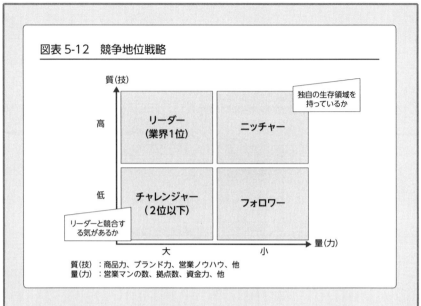

図表 5-12　競争地位戦略

質(技)：商品力、ブランド力、営業ノウハウ、他
量(力)：営業マンの数、拠点数、資金力、他

◆ 「リーダー」のとる戦略

リーダー（業界1位）は、質・量の両面で経営資源が豊富なので、特別なことをしなくても競争優位は図れます。他社と競合するというよりも市場規模自体を拡大すれば、おのずと収益は高まります。横綱相撲のようにどっしりと構え、**市場に対する啓蒙活動やコストリーダーシップに裏打ちされた低価格戦略**を採用します。

2位以下のチャレンジャーが展開する差別化に対しては、意識的に模倣し同質化してしまうことによってチャレンジャーの攻勢を回避します。

シャープの健康ニーズを意識したウォーターオーブン「ヘルシオ」に対して、パナソニックは電子レンジに過熱水蒸気機能を付加する「ビストロ」ブランドを強化することで、同質化させる戦略を採用しています。

◆ 「チャレンジャー」のとる戦略

チャレンジャーはリーダーに次ぐ2番手であり、トップをうかがう企業のことです。その戦略は、**質的な差別化**です。

成熟市場はすでに質的に向上している状態ですから、成長市場にフォー

カスして差別化戦略を展開します。リーダーの弱みを追求し、強みを負債化させる戦略です。

日産自動車は電気自動車に経営資源を集中させ、リーダー企業のトヨタ自動車との差別化を強力にアピールしています。ハイブリッドに注力しているトヨタ自動車としては自己否定にも繋がる電気自動車への展開がしにくい状況にあるのを上手くついています。リーダー企業がなかなか模倣できない差別化をすることでリーダー企業の同質化戦略を回避しシェアアップを目指します。

♦「ニッチャー」のとる戦略

ニッチャーは、独自の生存領域（ニッチ市場）を創造する企業です。大手が狙わない市場で一定の売上を上げながら高収益を達成します。**参入企業が少なく、競争が穏やかなスキマ市場を狙う戦略**です。

ニッチャーというとまずイメージするのが小林製薬でしょう。いまでは当たり前ですが、洋式便器がまだ普及していなかった時期にブルーレットという特定市場でブランド展開をしていきました。大手企業からしてみたら市場規模が小さすぎて参入もためらう領域に着目します。コンタクトレンズをする人用の洗眼薬アイボン®や糸ようじ®などユニークなネーミングの商品展開でも知られます。

♦「フォロワー」のとる戦略

フォロワーは質的にも量的にも経営資源が少ない、3〜5番手企業です。フォロワーは経営資源が乏しいので、**リーダーやチャレンジャーを模倣する二番煎じ戦略**を採用します。すなわちリーダーやチャレンジャーが作り上げた市場で、成功している製品サービスに類似する「廉価版」を出したりします。

プロモーションもリーダー、チャレンジャーに任せて積極的には行わず、出資も極力抑えます。ジェネリック医薬品が該当します。

Column 8
アンゾフの成長マトリクス

　アメリカの経営学者アンゾフ（Harry I. Ansoff, 1918－2002）は、事業の成長拡大を図るためにどのように事業展開していったらよいか、独自のマトリクスを提唱しました（図表5-13）。**事業成長の方向性を「製品」と「市場」という2軸で分類し、それぞれ「新規」と「既存」に分けてシンプルに表現した成長戦略です。**

図表5-13　アンゾフの成長マトリクス

		製品	
		既存	新規
市場	既存	市場浸透戦略	新製品開発戦略
	新規	新市場開拓戦略	多角化戦略

　表頭は、製品軸で、表側は対象とする市場とします。2×2のマトリクスはそれぞれ以下の特徴を持ちます。

◆ 市場浸透戦略（既存市場・既存製品）

　現在参入している市場で、シェアを高めることによって業績を向上させる戦略です。売上高は、顧客数×商品単価×買上個数×購入頻度と分解できます。

　シュリンクしている市場では顧客数や、商品単価を上げるのは困難ですから、組み合わせ販売などで個数を伸ばすか、時間限定などで頻度を増やすかといった方策が考えられます。

　クラフトボスは、ペットボトルで保存性を高めることで「ちびだら飲み」のスタイルを生み出しオフィスワーカーの飲用頻度を高めることに成功しています。

◆ 新製品開発戦略（既存市場・新期製品）

既存顧客の特性やニーズを解決する商品を自社のシーズ（強み）から新製品を投入し成長を図る戦略です。自社の持つ強みを発想起点として既存顧客のニーズを触発することができないか検討していきます。

ダイソンは吸引力の高い掃除機で一躍グローバル市場を席捲しましたが、羽根のない扇風機や強力な風圧のドライヤーなど次々と生活者のニーズを取り込む製品を開発しています。

◆ 新市場開拓戦略（新期市場・既存製品）

既存のビジネスで、新市場を開拓して成長を図る戦略です。顧客属性の拡張（大企業→中小企業／男性用→女性用）やエリアの開発（BRICs／東南アジア）などが考えられます。

学習塾の株式会社公文教育研究会は、海外駐在員の子女向けの教室をニューヨークに開設したことを皮切りに、海外に51の国の地域に合計8600教室を展開している世界のKUMONとなっています。

◆ 多角化戦略（新期市場・新規製品）

既存ビジネスとは関連しない、新分野への参入により成長を図る戦略となります。

現業と関連した多角化として、化粧品メーカーのエステ店舗の事業化や非関連の多角化として、コンビニエンスストアの銀行業界参入があります。難易度が高く、資本力も必要な多角化ですが、成功すると現業にも多くのメリットをもたらします。

エステ店舗が繁盛すれば当該経営を担っている化粧品メーカーのブランド力は高まりますし、コンビニエンスストアにATMに来店した顧客のついで買いも期待できるからです。

第 II 部
ケース編

Case 1
カップ焼きそばの新商品企画

● ケース編では架空の企業、商品ブランドを設定しています。企画担当、マーケティング担当になったつもりで本書と一緒に考えていきましょう。まずはカップ麺の会社のケースです。

1 >> 現状を把握し問題を認識する

◆ 業界と会社の現状

　中堅の即席麺製造 A 社の新商品企画の事例ケースで、マーケティングの基本プロセスを見ていきましょう。

　即席麺の生産量は、2017年度569万食で、対前年比100.3%。傾向としては、袋麺、生タイプが減少傾向にある中、カップ麺が大きく構成比を高めています（図表C1-1）。

　それに対してA社の売上数量は、ここ数年停滞傾向にあります（図表C1-2）。市場全体の規模は維持しているのに自社の売上は低減傾向にあります。これはゆゆしき問題です。人口が減少している国内市場においてカップ麺市場は健闘しているのに対して、A社はその流れに乗り切れていない。もっといえば、業界全体の足を引っ張っているともいえます。

　A社は1985年に調味料メーカーから転身したカップ麺の専業会社です。創業5年目で企画開発した「カップ焼きそばGold」が大ヒットして以来、規模は小さいながら中堅企業としての地位を長年維持してきました。12年目の1996年には「カップ焼きそばGold」をリニューアルし、B級グルメ焼きそば店監修というコンセプトがうけて2回目の規模拡大を果たしました。その後も低成長ながら順調に売上を維持してきましたが、2013年度をピークとして売上減少傾向が続いています。

　売上減少の原因としては「カップ焼きそばGold」に頼り切りの1本足打法があげられます。これまでも女性向けやシニア向けなど、ターゲッ

第Ⅱ部　ケース編

図表 C1-1　カップ麺の生産量推移

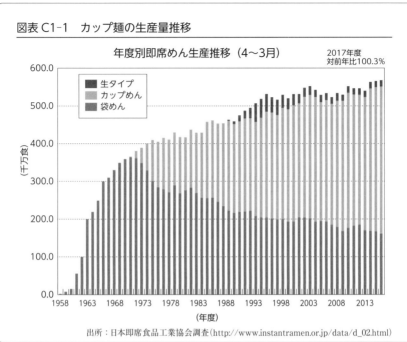

出所：日本即席食品工業協会調査（http://www.instantramen.or.jp/data/d_02.html）

図表 C1-2　A社の売上推移

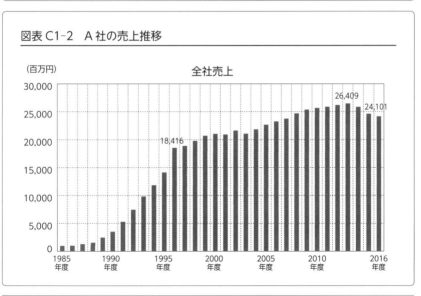

Case 1　カップ焼きそばの新商品企画

トを絞った商品の企画開発を行ってきてはいるものの、「カップ焼きそばGold」ほどの売れ行きは実現せず、市場からひっそりと消えていったのが実情です。

◆ 打開案をどう考えるか？

このような状況で、あなたならどのような新商品企画を検討しますか？

まずは不調の原因を考えてみましょう。A社商品が顧客ニーズにマッチしていないことが大きな要因として考えられます。「カップ焼きそばGold」は高校生、大学生など10代20代の男性をターゲットにしたもので、食欲旺盛な男子の「腹いっぱい、がっつり食べたい」というニーズに適応させた商品です。定型パッケージが主流だった発売当時、どんぶりのような大きなパッケージは、バブル時代の「イケイケどんどんの勢い」を象徴するものとして、当時の話題にもなりました。時は流れ、バブル崩壊、ゆとり教育、草食男子など若者を巡る環境は大きく変化しています。そうした中で、「カップ焼きそばGold」発売当初の「腹いっぱい、がっつり食べたい」というニーズも弱くなっていったと考えられます。仮説として考えられることは、**若者が以前ほどカップ麺自体を食べなくなった**ことが要因として考えられます。そこで現在の若者のライフスタイルに合致した新たなコンセプト商品を企画開発することになりました。

2» ターゲットを選定する

◆ 顧客構造を把握しセグメンテーションする

カップ焼きそばカテゴリーの全国小売店パネル調査データ[1]を入手しました。このデータはスーパーマーケット、コンビニエンスストアなどの店舗から収集した小売店販売データです。このデータを使えば、商品

---

[1] 同じ調査対象者（パネル）に一定期間、繰り返しアンケートを行う調査方法。時系列分析に適している。

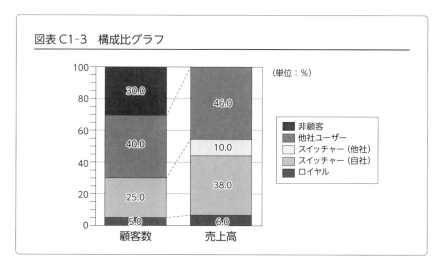

図表C1-3 構成比グラフ

が、いつ、どこで、いくつ、いくらで販売されたのかを把握することができます。販売データを使って自社のロイヤルティ[2]を区分とした構成比グラフを作成しました（図表C1-3）。

ここ1年間に当該小売店への来店客を100として、その中で「カップ焼きそばGold」のみを購入した人をロイヤルカスタマー[3]として、全体の顧客数の中の割合を求めました。そしてカップ焼きそば全体の売上高に占めるロイヤルカスタマーが購入した「カップ焼きそばGold」の比率を求めます。スイッチャー[4]はここ1年間のうち、「カップ焼きそばGold」と、他社商品を併買した顧客です。売上高のスイッチャー（自社）はスイッチャーが購入した「カップ焼きそばGold」の比率です。売上高のスイッチャー（他社）は、スイッチャーが購入した他社商品の比率です。マーケティング課題としては、①スイッチャーのロイヤルカスタマー化、②スイッチャーの自社購入比率を高める、③他社ユーザーを取り込む、④非顧客を取り込む、が考えられます。売上高構成比を時系列に分析したものが、図表C1-4です。

これまでの営業努力によって、スイッチャーの自社比率を年々高めて

---

2 ロイヤルティ：顧客のブランドへの愛着度合いのこと。
3 ロイヤルカスタマー：商品や企業に愛着を持ち、継続購入してくれる人のこと。
4 スイッチャー：特定のブランドに愛着を持たない消費者のこと。

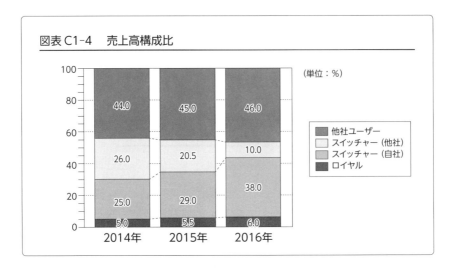

図表C1-4　売上高構成比

いることがわかります。スイッチャーにおける「カップ焼きそばGold」のシェアが約8割（38 ÷ 48 = 79%）ありますので、限界に近づいています。したがって、これ以上②の戦略を展開しても、大きな成果は得られないと考えます。④を解決することができれば、全体の3割を占めるボリュームがありますので大きな需要を手にすることができます。

そこで、非顧客のカップ焼きそばを食べない理由（購入のボトルネック）を探り、それを解消した商品を開発することが売上減少対策として考えられます。そうすることで「③他社ユーザーを奪取する」ことにも繋がるかもしれません。特にカップ焼きそばをたまにしか食べないライトユーザーの取り込みが期待できます。

以上から、新商品企画の方向性として、**これまでカップ焼きそばを食べてこなかった非顧客の取り込み**としました。

具体的な行動として最初に、ターゲットを明確にするために顧客のセグメンテーションを実施します。セグメンテーションの手法として2×2のマトリクスで検討します。まずはセグメンテーションの切り口を検討します。A社はBtoC企業ですので対象は一般生活者です。切り口と

図表 C1-5 主な切り口とマトリクス

地理的変数	寒冷地と高温地（暑い地域はカップ麺も汁なしを好む）
人口動態変数	年代、所得水準、家族構成（独身か世帯持ちか）
心理的変数	健康意識、食品関与度
行動変数	カップ焼きそば購買頻度、料理頻度

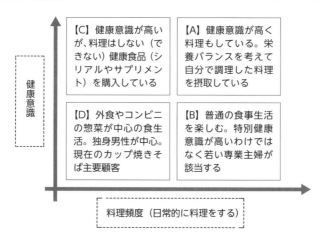

しては、地理的変数、人口動態変数、心理的変数、行動変数などがあります。これらの軸の組み合わせをいろいろと試行し、健康意識と料理頻度でマトリクスを組んだのが図表C1-5 です。

「カップ焼きそば Gold」がヒットしていた時代は、【D】ゾーンの割合が比較的高かったと考えられます。その顧客が、近年健康意識が高まり【A】ゾーンや【C】ゾーンへ移行していったのではないかと考えられます。

◆ 客観的にターゲットを選定する

セグメンテーションの後は、各セグメントを評価し、ターゲットを選定するプロセスです。**セグメントを評価するには、まず評価項目[5]とウエイトの設定を行います**（図表C1-6）。今回の企画では落ち込む業績をとにかく改善したいとの思いがありますので、【収益性】に最も高いウ

---

5 ターゲット設定におけるコトラーの評価基準（31 ページ）を参照する。

図表 C1-6　各セグメントの評価

評価項目	セグメント	ウェイト	評点（5点満点）				POINT			
			Aタイプ 健康意識調理	Bタイプ 若い専業主婦	Cタイプ 健康食品購入	Dタイプ カップ焼きそば主要顧客	Aタイプ 健康意識調理	Bタイプ 若い専業主婦	Cタイプ 健康食品購入	Dタイプ カップ焼きそば主要顧客
【収益性】	十分な収益が望めるか	25.0%	4	2	5	5	1.00	0.50	1.25	1.25
【規模】	適切な規模があるか	10.0%	3	3	4	2	0.30	0.30	0.40	0.20
【成長性】	成長性があるか	20.0%	4	2	5	2	0.80	0.40	1.00	0.40
【実行可能性】	経営資源、能力があるか	10.0%	2	3	3	5	0.20	0.30	0.30	0.50
【拡張性】	周辺セグメントを取り込める可能性があるか	15.0%	4	3	5	2	0.60	0.45	0.75	0.30
【適合性】	顧客ニーズと技術の適合性	5.0%	2	3	3	5	0.10	0.15	0.15	0.25
【独自性】	競合他社との違いはあるか	15.0%	4	3	3	2	0.60	0.45	0.45	0.30
	total	100.0%	23	19	28	23	3.60	2.55	4.30	3.20

エイトを置きます。そして一過性のヒット商品ではなく中長期的に育成していく戦略商品を狙っていきたいという思いもありますので【成長性】を次に高いウエイトとします。さらにターゲットを絞り込んだ企画なので、【拡張性】も高いウエイトにしました。他社との違いを明確にしたいので【独自性】にもウエイトをかけます。

　各セグメントについて5点満点で評価しました。Aゾーンの健康意識調理タイプは、健康によいとされる商品を多少価格が高くても購入してくれると考えられます。気に入ればリピート購入してくれるでしょうから、【収益性】に高い評価をしました。またこの顧客層が購入すればBゾーンの若い専業主婦にも波及効果が狙えますので【拡張性】にも高い評価をします。日常的に調理をする若い専業主婦は、家族の健康に気を遣いますので健康意識調理タイプの影響を受けると考えるからです。高齢化が進展する国内市場では健康意識はますます高まると考えられますの

で、【成長性】も高い配点とします。

　次に、Bゾーンの若い専業主婦です。日常的に料理をしていることもあって、焼きそばを食べるにしても調理をするのがおっくうでないタイプであり、カップ焼きそばの需要はそれほどないと考えられます。そのため、広告費等のマーケティング投資も投資対効果が悪そうです。また、健康意識が高まるなか、若い人は健康への関心が低いため、この層はターゲットとして期待できないと考えられます。ということで【収益性】や【成長性】を低く評価します。

　Cゾーンの健康食品購入タイプは、健康になりたいという欲求は高いものの、自ら調理はしません。シリアルやサプリメントなどの健康食品を購入しています。一方でそうした食品では満たされない食欲もあると考えられます。ですからAゾーンの健康意識調理タイプと同様に、健康によいとされる商品に対しては多少価格が高くても購入してくれるという期待が持てます。健康意識の高まりからこのゾーンは将来的に増加していくと考えられます。意識が高いこのゾーンの生活者が購入しだすとBゾーンの若い専業主婦やDゾーンのカップ焼きそば主要顧客にも波及していく可能性が期待できます。以上から【収益性】【成長性】【拡張性】の配点を高得点としました。

　Dゾーンのカップ焼きそば主要顧客は、現在のロイヤル顧客層です。カップ焼きそばに対する関与が高いので、新商品も購入してくれると考えられます。気に入ってくれればリピート購買してくれるでしょう。そうしたことから【収益性】や【実行可能性】【適合性】を高い配点としました。一方で健康意識の高まりから【成長性】や【拡張性】は期待できませんので低評価となります。これらの配点にウエイトを掛け合わせたところ、合計得点が1番高いのは、Cゾーン健康食品購入タイプです。今回の企画におけるターゲットはCゾーンの健康食品購入タイプとすることにしました。

3 >> 商品コンセプトを考える

　ターゲットが決まったら、ターゲットに対してどのような商品を提供したらよいかを検討します。その際、ターゲットのニーズに合致していて、かつ競合企業とは違った特徴をもっていることが条件となります。どのような特徴をもった商品とするのかコンセプトにまとめてみましょう。コンセプト作成は、

①ターゲットのニーズを探索する
②ニーズを満たす商品アイデアを発想する
③商品アイデアの中から競合優位性の高いものを選ぶ
④コンセプトにまとめ上げる

図表C1-7　ターゲット特性の抽出

人口動態特性	年齢、性別、同居家族	30代、40代の単身男性が中心
	職業、所得	会社員、中所得
	居住地	都市部に在住
	学歴	比較的高い
心理的特性	消費に関する意識	単身者なので比較的自由に消費している
	生活意識／習慣	健康に対する意識が強い　週2日はフィットネスクラブへ通う
	ライフスタイル	思いのまま自由に生きるのが信条
	カテゴリー関与	健康食品に対する関与は高い　即席麺に対しては関与が低い
	ブランド意識	名の通ったブランドには安心感を感じる
行動特性	使用特性	カップ焼きそばは現在全く食べない(20代はよく食べていた)
	購買目的	カロリー、糖分など健康に良いかが購買基準
	購買頻度	健康食品はネット通販で購入することが多い
	行動特性	インターネットやフィットネス関係の雑誌で情報収集する

という手順で進めていきます。

①ターゲットのニーズを探索する：ペルソナの作成

まずはターゲットの特性を整理しニーズを抽出します。ターゲットの特性を人口動態、心理的特性、行動特性の3軸で整理します（図表C1-7）。

ターゲット顧客の特性から、その顧客像があたかも実在の顧客が存在するかのように、ターゲット顧客の人物像を実際に存在する人のように詳しく設定します。マーケティングではこの人物像の設定を**ペルソナ**[6]といいます。「**企業にとって、もっとも重要でシンボリックな顧客モデル**」の意味で使われています。

ペルソナは顧客の人となりから当該商品との関わりまで具体化していきます。ターゲットの特徴がわかるように口語体も交えます。

図表C1-8は「健康意識が高い30代40代の単身男性」のペルソナです。人口動態特性については箇条書きに記入し、食事に関する意見については口語体で記載し、あたかも実在の人物が語っているようにします。そうすることでターゲットを具体的に想定することができます。

ペルソナの一番の効果は、企業が提供するベネフィットと顧客の購買重視点を合致させることができることです。マーケティングには企画部門だけでなく広告宣伝部門、営業部門など多くの組織や人が携わっています。ターゲットを定めたとしても具体的なイメージが共有できなければ全く違った方向に進みかねません。

例えば20代女性をターゲットに定めたとします。ある人は「清楚で純粋な気持ちの持ち主」をイメージするとします。ところがある人は「開放的で新しいことが大好きで、チャレンジングな性格の持ち主」をイメージするかもしれません。またある人は「家庭環境によって苦労を背負っている人」をイメージするかもしれません。人のイメージはその人の育った環境やこれまでの人生経験によって形成されます。ペルソナを作成す

---

[6] 「ペルソナ」とは、ラテン語で「仮面」という意味で、心理学者のユングが「人間の外的側面」（他者と接点を持つ部分）という意味で使用したもの。

図表 C1-8　ペルソナ

【氏名】　小泉健一郎さん
【性別】　男性
【年齢】　32歳
【職業】　食品用品メーカー　企画職
【居住地】　豊洲タワーマンション
【世帯年収】　500万円　ひと月のお小遣いは7万5千円
【家族】　1人暮らし（実家は静岡県）
【趣味】　ゴルフ、登山、水泳、フィットネスなど活動的

行動特性
- 平日は仕事に一生懸命。昨年営業部から移動になり経営企画部に配属。
- 慣れない企画業務だが持ち前のバイタリティーでミッションをこなしている。
- 休日はゴルフや登山などあらかじめスケジュール化している。結婚はもう少し先にと考えている。
- 平日の夜間は、24時間営業のフィットネスクラブで日々身体を鍛えている。
- 仕事上のつきあいや接待で週1度は飲酒するが、充分にケアしているので二日酔いになることは滅多にない。
- 消費は、スポーツ用品が中心。独身なので可処分所得は高いが必要なものだけを購入するようにしている。
- 日常的にパソコンから情報収集をしている。SNSで、友人とコミュニケーションをとる時間も多い。

食事に関しての意見
- 営業部時代の暴飲暴食がたたり一時期10kg増量してしまいました。28の頃です。
- このままではいけないと29歳から健康的な身体を手に入れるべく一大決心しました。
- 全くの独学ですが、食事に気をつけるようになりました。Webで検索しながらダイエットに取り組みました。リンゴダイエットやバナナダイエット。糖質制限もしました。
- あるとき高校時代の友人で管理栄養士をしている女子と久しぶりに飲む機会があって、偏りすぎている食生活を指摘されバランスを摂るように気をつけるようになりました。
- ただ彼女とはそれ以来会っていないので、今のやり方が正しいのか?適切なのか分かりません。
- 運動は日常的に生活のルーティンとしてすっかり定着しています。

図表 C1-9　特性とニーズ

	主な特性		想定されるニーズ
人口動態特性	●30代、40代の単身男性が中心 ●会社員、中所得 ●都市部に在住 ●学歴は比較的高い	→	●健康に良いものであれば多少高くても良いものを購入したい ●スマートな生活をしたい
心理的特性	●単身者なので比較的自由に消費している ●健康に対する意識が強い　週2日はフィットネスクラブへ通う ●思いのまま自由に生きるのが信条 ●健康食品に対する関与は高い　即席麺に対しては関与が低い ●名の通ったブランドには安心感を感じる	→	●ストイックな生活が心地よいが息が詰まることもある ●できれば無理や我慢をせずに健康でいたい ●筋肉ムキムキよりもシャープな体系を目指したい
行動特性	●カップ焼きそばは現在全く食べない（20代はよく食べていた） ●カロリー、糖分など健康に良いかが購買基準 ●健康食品はネット通販で購入することが多い ●ネットやフィットネス雑誌で情報収集する	→	●たまにガッツリ食べたい ●メリハリのある食生活をしたい ●カロリー表示だけでなく栄養面での情報が欲しい

ることで、そうした「個人によるイメージのバラツキ」を極力少なくすることが可能となるのです。

ペルソナを頭に描きながら、特性をもとにニーズを探索していきます（図表C1-9）。

②ニーズを満たす商品アイデアを発想する

アイデア発想にはいろいろなアプローチ方法がありますが、ここでは想定されるニーズをどう解決解消していったらよいかという基準でアイデアを発想していきます。

- 朝からボリューム焼きそばでエネルギーチャージ
- 土日はダイエットオフでモチベーションアップ
- タンパク質満載！豚カレー焼きそば
- ガッツリ系イメージはあるが、少容量や、食べ方を工夫している
- スポーツ焼きそば（スポーツマンこそ栄養補給）
- 中高年のためのカップ焼きそば
- 昔懐かし屋台焼きそば
- ダイエッターに禁断のボリューム焼きそば
- たまには解禁、ソース焼きそば
- 健康に配慮しているが、「健康によい＝おいしくない」というイメージがあるので直接的な表現は避ける
- 月1ご褒美の暴食でも健康配慮のカップ焼きそば　　……

③商品アイデアの中から競合優位性の高いものを選ぶ

さて、そうして出された商品アイデアを評価していきます。アイデアの評価基準としてニーズが強いこと、そして競合優位性が発揮できることの2つの軸で評価します（図表C1-10）。

ニーズが強いとは、困り度合が高いとか必要性が高いといった基準です。競合優位性は競合企業が技術的に製造できないとか、コーポレートブランドの特性上展開しづらいとか、基幹商品とコンセプトの矛盾を起

図表 C1-10　ニーズと競合優位性

		ニーズの強さ	
		弱い	強い
競合優位性	あり	●スポーツ焼きそば（スポーツマンこそ栄養補給） ●中高年のためのカップ焼きそば ●月1ご褒美の暴食でも健康配慮のカップ焼きそば	●朝からボリューム焼きそばでエネルギーチャージ ●ガッツリ食べられるイメージはあるが、少容量や、食べ方を工夫している ●健康に配慮しているが、「健康に良い＝おいしくない」というイメージがあるので直接的な表現は避ける
	なし	●たまには解禁、ソース焼きそば ●ダイエッターに禁断のボリューム焼きそば	●タンパク質満載！豚カレー焼きそば ●昔懐かし屋台焼きそば ●土日はダイエットオフでモチベーションアップ

こしてしまうなどの基準です。

　ニーズと競合優位性でアイデアを評価すると、「**朝からボリューム焼きそばでエネルギーチャージ**」が最も適切といえます。カロリーオフや糖質制限など健康面を全面に出すのではなく、健康に留意している人にとってもボリューム感を感じてもらえるように、美味しい焼きそばを訴求していくことにします。

　一般的に食後の活動量が多い朝にはボリュームのある食事を摂ったほうがよいといわれています。朝カレーも同様の論理です。そうした意味から健康に気を遣う顧客層に認識されている事項について、朝からエネルギーをチャージするという意味でニーズが強いといえます。

　競合企業には、そうした認識はなく、朝市場は、即席麺カテゴリーにとって現在のところブルーオーシャンにあります。いち早く市場参入し、初期参入のメリットを享受しようという目論見です。

④コンセプトにまとめ上げる

　次に、アイデアをコンセプトにまとめ上げていきます。コンセプトは次の4つの要素からなる文章とします。

① 誰に対して（ターゲット）
② どのようなニーズを解決する
③ 商品の特徴
④ その結果としてどのようなベネフィット（便益）を提供できるか

カップ焼きそばをコンセプトにまとめると、以下のようになります。
① 健康意識が高い30代40代の単身男性に対して
② たまにはガッツリと食べたいというニーズを解決する
③ 朝からボリューム焼きそばでエネルギーチャージを提供することで
④ 無理や我慢せずに、自由で心地よい食生活を送ることができます。

4 » ターゲットの視座で価格を設定する

さて、コンセプトが設定できたら次は価格設定です。価格設定には第2章で説明したとおり、「コスト基準」「知覚価値基準」「競合基準」の3つのアプローチがあります。

「コスト基準」はプロダクトアウト[7]な視点になりますので、食品や飲料などのBtoC商品ではあまり適切とはいえません。即席麺は普及品で広く生活者を対象としていますので、顧客の認識をベースに価格を設定するほうが無難といえるでしょう。

「競合基準」は競合企業がどのくらいの価格を設定しているかという基準になります。食品はメーカー小売希望価格です。希望小売価格とスーパーマーケットやコンビニエンスストアでの実勢価格を調べるとカップ焼きそばは、どの企業もだいたい170円〜200円くらいが標準となっています。

「知覚価値基準」は顧客がどの程度の価格認識をもっているか、マーケットイン[8]の視点となります。特にターゲット顧客をどのように位置

---

[7] プロダクトアウト：造ったものを売るという商品提供起点の発想。
[8] マーケットイン：顧客が欲するするモノを提供するという顧客起点の発想。

づけるかということを基準に検討していきます。その際にはいち商品というよりもカテゴリーで検討していくことが肝要です。使用目的やベネフィットベースで考えていくのです。

　このケースの場合、競合他社と変わらない単なるカップ焼きそばというカテゴリーでマーケティング展開するのであれば、「競合基準」によって180円程度で展開するのが妥当といえます。そうではなくて健康意識が高い30代40代の単身男性の朝食という観点で考えていくと180円では少し安いかもしれません。ヨーグルトとバナナ、トーストにサラダをコンビニエンスストアで購入したら400円〜500円ほどになるでしょう。もし仮に今回の新商品がそれらと同じ効用、ベネフィットを提示できるとしたらならば、400円〜500円ほどの対価を支払うはずです。

　「知覚基準」とはこのようにターゲットとする顧客のベネフィットを中心に検討していく手法なのです。

　いろいろと勘案した結果、通常のカップ焼きそばよりも10％ほど高い価格、メーカー希望小売価格を220円と設定しました。

5 ›› 販売チャネルを選定する

　商品コンセプトと価格設定によって顧客にとっての価値が定まりました。次は、どのようにその価値を訴求したらよいか、どのような手段を使って新商品新サービスの価値を伝達していくかというプロセスです。

　まずは販売チャネルの選定です。カップ焼きそばはスーパーマーケットで買うものという固定観念で選定してはいけません。有職の男性はそもそもスーパーマーケットに行く機会が女性ほど多くありません。ターゲットは「健康意識が高い30代40代の単身男性」ですから、生活動線の中にスーパーマーケットは入っていません。コンビニエンスストアであれば朝夕の通勤途中でも気軽に立ち寄ることができます。

調査会社アスマークの行った「コンビニエンスストアの利用意識に関するアンケート調査」では、男性35-49歳で朝（出勤時）にコンビニエンスストアを利用した頻度は、週3日以上で最も高く40％となっています。昼（昼休憩時）でも46％と他の属性と比較して高い訪問頻度となっています（図表C1-11）。

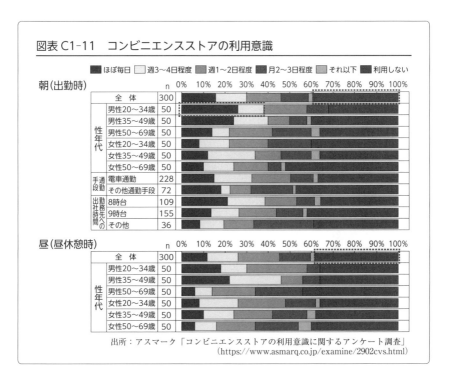

マーケティングミックスは、各施策のシナジー効果を勘案して検討していかなければ高い効果は望めません。今回一般的なカップ焼きそばよりも1割程度高い価格設定としましたので、安売りを1つの戦術として展開しているスーパーマーケットよりもコンビニエンスストアのほうが、高価格販売が馴染みやすいといえます。

以上から今回の主要販売チャネルはコンビニエンスストアとしました。

6 >> 販売促進について考える

◆ どの媒体にするか検討する

　販売促進を検討するうえで重要なのは、媒体と表現内容の2つです。媒体は、ターゲットである「健康意識が高い30代40代の単身男性」の行動特性、つまり生活パターンに合ったものを選定します。彼らが何に関心を持ち、どこから情報を収集しているかということを探索します。

　彼らは健康意識が高いので、フィットネスに関心が高いことを仮説とすると、雑誌『Tarzan』やフィットネス系のサイトをよく見ていると考えられます。ダイエットにも関心があるでしょうから、クックパッドなどのサイトや「食」に関する雑誌も目にする機会が多いでしょう。

　テレビはどうでしょうか。総務省情報通信政策研究所「平成29年情報通信メディアの利用時間と情報行動に関する調査報告書」[9]によると、平日のメディア平均利用時間で、30代40代は全年代のちょうど中庸という結果となっています。30代40代はテレビを見る一方で、ネット閲覧も多そうなので、ネットとテレビを中心に展開するのがよさそうです。

　健康意識が高いターゲットですからフィットネスクラブとのジョイント企画も有効に働きそうです。フィットネスクラブの了承を得て、試食キャンペーンとボードやポスター展開するとターゲットに対して効果的に価値を訴求できると考えます。

　これらの考えが机上の空論とならないように、仮説検証すべき事項についてもまとめておきます。

【訴求媒体】
- テレビCM
- 健康番組でのパブリシティ
- 雑誌広告（Tarzan）

---

[9] http://www.soumu.go.jp/main_content/000564530.pdf

- クックパッドなど食や料理系 Web サイトでの広告
- 同サイトでの特集やコラム記事の展開
- フィットネスクラブでの試食販売と広告ポスター掲示
- コンビニエンスストアでの朝特集テーマでの販売促進
- 通勤電車での交通広告

【検証課題】
- ターゲットの接触媒体（テレビ、ラジオ、ネット等の媒体比率と利用時間）
- 具体的な媒体名を挙げての利用割合
- 平日の情報接触
- 休日の過ごし方
- コンビニエンスストア利用頻度と購入商品

◆ 訴求内容を検討する

　媒体が検討できたら、次は訴求内容です。即席麺のようなコモディティ化が進展している商品では細かな説明よりもインパクトあるメッセージを展開することが重要です。「朝からカップ焼きそばなんて…」、と言う人に、なぜ朝からカップ焼きそばなのか必要性を端的に伝えることが重要です。身体への吸収が早く、1日の行動をアグレッシブにスタートすることができるベネフィットを想起させるメッセージを考えます。

　例えば、「正義の炭水化物、焼きそばが身体に火を点ける！」というようなものです。朝カレーの CM でハウス食品が田中将大選手を起用したように、スポーツ選手や有名人をアイコンとして使用することも有効です。

　さらに他のカテゴリー商品とのコラボも考えられます。炭酸ウォーターが流行しています。ココナッツミルクやスムージーなどもトレンドです。そうした健康ダイエット商品とのコラボによって「健康意識が高い30代40代の単身男性」の朝食シーンを訴求していくというアプロー

チです。

♦ SNSを有効活用する

「朝からボリューム焼きそばでエネルギーチャージ」についてはターゲットが絞り込まれていますので、LINEでSNS展開を図っていくことができます。LINEのタイムライン機能には、テキストの他、画像や動画を投稿することができます。「正義の炭水化物、焼きそばが身体に火を点ける！」というメッセージをこめたキャラクターを制作してタイムラインでストーリー展開していきたいと考えます。スタンプも作成し、ユーザー同士のコミュニケーションにも使用してもらいます。

キャラクターは焼きそばを模した正義の味方で、炎の形状をしたマントを背負っています。30代40代のビジネスパーソンがターゲットですから、スーツを着てビジネスリックを背負ったバージョンも作り、親しみやすさを醸成します。スタンプは、健康やフィットネスのあるあるネタや、ビジネスパーソンならではの悲哀を感情表現することで共感を誘います。「LINE LIVE」を使ってイベントも企画します。朝から皇居をジョギングするというイベントをライブ配信することでユーザー参加を促します。

ターゲットはビジネスパーソンですので、ビジネスパーソンの利用割合の高いFacebookにも展開します。Facebookは、居住地や職業、趣味などを基準に精度の高いターゲット設定が可能です。Facebookページを使って「朝からボリューム焼きそばでエネルギーチャージ」のページを開設します。単なるブランド広告ではなく、健康によい食習慣や筋肉のつけ方、ダイエットなどターゲットの興味ある情報を提供します。LINEとの連動も図り、共通のキャラクターも登場させます。

「正義の炭水化物、焼きそばが身体に火を点ける！」イベントの様子を動画で流し、外部サイトのリンクシェアも促し、「いいね！」やコメントを集めます。Facebookページにいいね！してくれた人（ファン）

の年齢層や男女比などを分析し、彼らの興味あるテーマを探り、次のコンテンツやイベント企画に活かしていきます。

7 コンセプトの受容性を調査する

◆ ネットリサーチで仮説検証する

ペルソナをもとにして、いろいろと考えを深めてきましたが、立てた施策や方向性は仮説ですから検証する必要があります。

BtoCのマーケティングで仮説検証は、コストとスピードのメリットからインターネットリサーチがおすすめです。ネットリサーチは設計段階からサポートしてくれますが、発注主として最低限、**調査企画書**と**分析計画書**を作成しましょう。仮説設定の経緯や自社としての思いを検証するという意味からすると当事者としてどのような訊き方にしたほうが適切なのか判断がつくからです。特にアンケート調査の場合、調査票ができあがってしまうと、ほぼアウトプットのレベルが決まります。回答画面の作成などは調査会社へお任せとなりますが、どのように仮説を検証したらよいかは自社で検討していくべきものです。

◆ 調査企画書と分析計画書を作る

調査の位置づけ、調査概要、運営などを調査企画書にまとめます（図表C1-12）。調査企画書は、どのような調査を行うのか、概要を1枚のフォーマットに整理したものです。大きく3つの項目について整理します。

1つめは、調査の位置づけです。そもそもどのような課題認識で調査を実施するのか、そして調査の目的は何であるのか、さらにどのような仮説を検証するのかについて記載していきます。

図表C1-12 「朝からボリューム焼きそばでエネルギーチャージ」調査企画書

Ⅰ. 調査の位置づけ	1. マーケティング課題	売上が低減傾向にある中で、新たなコンセプト商品をヒットさせ業績回復の足掛かりとする
	2. 調査目的	企画案「朝からボリューム焼きそばでエネルギーチャージ」の受容性を検証する
	3. マーケティング仮説	健康意識の高い30、40代単身男性は以下のニーズが強い ・健康に良いものであれば多少高くても良いものを購入したい ・ストイックな生活が心地よいが息が詰まることもあり、たまにはガッツリと食べたい ・できれば無理や我慢をせずに健康でいたい
Ⅱ. 調査概要	4. 調査手法	インターネットリサーチ
	5. 調査対象	●30、40代の男性ビジネスパーソン　合計400サンプル ●単身30代男性（100）／単身40代男性（100）／既婚30代男性（100）／既婚40代男性（100）
	6. 標本抽出	調査会社の保有するモニターによる
	7. 調査項目	●ニーズ仮説の検証 ●コンセプトに対する受容性 ●健康意識と行動特性 ●健康に良い食事に対する認知、効用に対する理解度 ●意識行動特性（健康・ダイエット・仕事・食事など）
	8. 分析計画	●属性比較（年代別・未既婚別クロス集計） ●ニーズ検証・コンセプト受容性
Ⅲ. 調査の運営	9. スケジュール	●調査設計・準備：2018年8月1日〜7日 ●実査：8月7日〜10日 ●集計分析：8月10日〜24日
	10. 費用	300,000円（消費税別）
	11. 調査機関	…

2つめは、調査の概要についてです。どのような調査方法で調査を実施するのか、そして誰に対して調査を行うのか調査対象者について、さらに調査対象者をどのように抽出（選び出す）のか、そして分析計画の概要を記します。

3つめは調査運営についてです。調査のスケジュールや費用、依頼す

る調査会社について記載します。

　調査企画書で分析計画について概要を記載しましたが、もう少し詳しく分析計画書を作成しておくと、調査実施後の分析業務をスムーズに進めることができます。

　分析計画書は、誰の意見を重視し（Who：ターゲット詳細）、何を明らかにし（What：分析課題）、どのような分析を行うのか（How：検証方法）を予め決めておくことです。

　ターゲット詳細は、ターゲットの中で特に注視したいターゲットを選定する方法について記します。新商品を発売した時に重要となるのは、比較的早期に受け入れる「初期採用層」という顧客層です。当該企画でどのような人が初期採用層となり得るのか、その特性について明らかにしておきます。そしてその特性を問う設問に繋げるのです。こうすることで調査実施後に全サンプルの中から初期採用層を抜き出すことが可能となります。

　コンセプトテストにおける分析課題は、ニーズの検証とコンセプトの受容性です。想定したニーズが実際存在するか、ターゲットに対してコンセプトが魅力的であるかについて整理していきます。

　検証方法は、分析課題をどのような分析を行って検証するのかについて取り決めをしておくことです。

　「朝からボリューム焼きそばでエネルギーチャージ」で分析計画を作成してみましょう（図表C1-13）。

　まずは誰の意見を重要視するかということです。ターゲットは「健康意識の高い30〜40代単身男性」ですが、その中には保守的な考えで新商品や新しい食習慣に対する抵抗が強い人もいます。そうした人たちはいずれ購入してくれるかもしれませんが、発売初期の段階では様子見で静観しているでしょう。マーケティングを展開していくうえでは優先順位の低い人たちです。

新商品を企画する際には初期採用層がコンセプトをするかどうかを見

図表C1-13 「朝からボリューム焼きそばでエネルギーチャージ」分析計画書

検討事項	本調査での実施事項
Who（ターゲット詳細）	初期採用層 ●健康に良い新商品（食品）が発売されるとすぐに購入する ●健康や食事に関して敏感である
What（分析課題）	●ニーズに対する当てはまる割合が高いかどうか ●コンセプトに対して魅力に感じる、新規性を感じる、購入してみたいと思うか
How（検証方法）	●ニーズ、コンセプトについてトップボックス比率を算出し仮説検証を行う ●ニーズとコンセプトの関連を検証することで、ニーズを解決する価値あるコンセプトであるのかを検証

極めます。初期採用層が購入してくれて話題になれば、保守的な人たちがそれに続きます。

コンセプトテストではコンセプトがターゲットに受容されるかどうかを検証するのが大きな目的ですが、ニーズとコンセプトの関係について精査することも大変重要なことです。

ニーズはある、コンセプトもよい。だけどニーズを解決するのにコンセプトの商品でなくてもよいというケースがあります。そうした状態を見極めるために、ニーズとコンセプト評価の相関関係を把握します。ニーズ評価とコンセプト評価に相関関係があれば、ニーズが強い人ほどコンセプトを評価しているという状態を把握できるのです。

8 »マーケティング計画とレビュー

◆ 社内の推進体制を整備する

コンセプトの受容性が確認できたら、次にすべきことは、社内の推進

体制の整備です。マーケティング実務を展開していく関係者を巻き込むのです。コンビニエンスストアとの商談は営業部、SNSでの展開や、店頭POPなどのプロモーションは販売促進部など、関係部署を巻き込んで施策を実施していきます。そのためには次の3つのポイントに留意します。

①目的目標を定め、各部署の役割を明確にする
②具体的な実施事項をアクションプランに落とし込み進捗管理する
③組織体制を整理し、会議体を明確にする

①プロジェクトの目的は、「朝からボリューム焼きそばでエネルギーチャージ」の売上を伸ばすこと」です。売上数量、金額、推進期間など、目標は定量的に設定します。その際に各部署の活動目標を共有しておきます。

②アクションプランに落とし込み進捗管理することでは、いつ、誰が、何を実施するのか、時間軸を基準として整理していきます。

③組織体制の整理は、プロジェクトの構成メンバーと意思決定者を明確にするということです。プロジェクトではアクションプランどおりにいかないこともあるでしょう。その際にどれくらい全体のスケジュールを伸ばしたらよいのか、新たな課題が出てきた場合にはどの部門が対処するのか、諸問題について誰がどのように検討し、決定していくのかを最初に決めておきます。

そしてどのような会議の場を、どれくらいの頻度で持つのかということも決めておきます。

◆ 効果検証を行い、振り返る

新商品プロジェクトで策定された施策が実行された後は、効果検証を行います。このとき、PDCAサイクルを活用するとよいでしょう。図表

図表C1-14　マーケティングコントロール

タイプ	目的	方法
年間計画	計画どおりの成果が上がっているかどうか	販売差異分析 マーケット・シェア分析 売上高対マーケティング費用比率分析 財務分析（ROA・比率分析） 顧客態度分析（認知・好意・意向／クレーム・相談）
収益性	収益を上げているかどうか	収益性分析 製品、販売地域、顧客層、チャネル、オーダー、サイズ
効率性	マーケティング費用の効率性とその効果の評価と改善	効率性分析（生産性） 営業人員・組織、広告、販売促進、流通
戦略	市場、製品、チャネルに関して、企業は最善の機会を追求しているか	評価尺度を使ったマーケティングの有効性分析 （市場に対するアプローチの有効性） マーケティング監査

C1-14はマーケティングコントロールといって活動に対してどのようにチェックするべきかをまとめたものです。

　このような視点をもってレビューをしていきます。重要なのはこれらの指標で、うまくいったか、うまくいかなかったのか、現状をしっかりと評価し、その要因を抽出することです。そのうえで次回はどのような打ち手があるのか課題を設定することです。こうすることで組織の活動はスパイラルアップしていきます。

　マーケティング活動を図る指標として販売実績や顧客の意識を設けます。そうしたFactがなぜ生み出されたのか、要因分析していきます。商品の魅力が高かったからなのか、価格が適切であったからなのか、販売チャネルでの取組が有効であったからなのか、販売促進がうまくいったからなのかなどマーケティングミックスの視点で分析していきます。そうして抽出した課題を改善し次期計画に活かしていきます。

Case 2
ロボット掃除機の需要創造戦略

●国内市場低迷の中、BtoBに活路を見出そうとしている家電メーカーのケースです。どのような業界に狙いを定めて何を売っていくか、その戦略策定プロセスを解説します。

1 ≫ 国内消費低迷の中で、B to Bに活路を見出す

　B社は創業50年を迎えた中堅家電メーカーです。掃除機や冷蔵庫といった白物家電に特化した企業で大手企業に先んじてアイデア商品や斬新な機能を武器に日本市場で活躍してきた企業です。売上高800億円の水準を維持しており、一見すると順調な経営を行っています。しかし社長は国内白物家電市場規模の推移を見るにつけ、漠然とした不安を抱いていました。

　（一社）日本電機工業会（JEMA）によると、図表C2-1のように、国内の白物家電市場は、2017年度の国内出荷で、2兆3,729億円、前年度

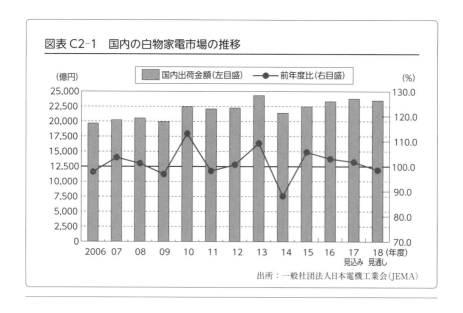

図表C2-1　国内の白物家電市場の推移

出所：一般社団法人日本電機工業会（JEMA）

比101.9％と3年連続で前年度を上回る見込みとしています。

ただ社長はその増加率（前年度比）は低減傾向にあり、ほぼ横ばいにあると認識しています。特に同社が最も強みを発揮している掃除機市場は、2017年実績見込みで前年度実績比97.7％となっています（図表C2-2）。

図表 C2-2 白物家電機器の国内出荷

	2017年度実績見込み		2018年度見通し	
	金額(億円)	前年度実績比(％)	金額(億円)	前年度実績見込比(％)
ルームエアコン	7,132	102.8	6,803	95.4
電気冷蔵庫	4,421	103.8	4,380	99.1
電気洗濯機	3,353	101.9	3,404	101.5
電気掃除機	1,052	97.7	1,052	100.0
ジャー炊飯器	1,181	95.3	1,167	98.8
その他(上記5品目以外)	6,590	101.8	6,630	100.6
白物家電機器合計	23,729	101.9	23,436	98.8

出所：一般社団法人日本電機工業会(JEMA)

カテゴリー別にみても、同社がいまだ開発段階で参入の遅れているスティックタイプの増加が目立っています（図表C2-3）。従来はサイクロン方式や紙パック方式のキャニスタータイプの掃除機が主流でしたが、すでにスティックタイプは市場の25％程度を獲得しています。この分野ではダイソンの他、スウェーデンのエレクトロラックス、国内メーカーでもパナソニックや、東芝ライフスタイル（中国・美的集団）などが、熾烈なシェア争いをしています。

同社も市場規模が増加しているロボット掃除機を展開しているものの、先発のiRobotルンバが市場を席捲しています。またバルミューダやamadanaなどのメーカーが仕掛けるデザイン家電カテゴリーも盛況で、家電製品をリビングとの調和やインテリアとしての位置づけとした新たなコンセプトで存在感を増しています。

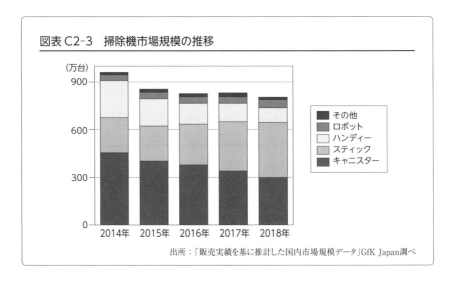

図表C2-3 掃除機市場規模の推移

出所：「販売実績を基に推計した国内市場規模データ」GfK Japan調べ

社長はこの現状に強い危機感を持っており、これまで掲げてきた経営理念「よいものをより安く」を家電市場にて維持しつつ、生活者向け以外の新たな分野に展開することを、本年度の方針として掲げました。

2» 戦略的プロダクトアウトでニーズを開発する

◆ 自社の強みをベネフィット、ニーズに転換

　BtoB市場へのマーケティング戦略を検討するには、いくつかのアプローチがありますが、今回は戦略的プロダクトアウト（48ページ参照）のフレームワークを活用して検討していきます。**戦略的プロダクトアウトは、自社の強みや技術（シーズ）からベネフィット（便益）を創造、ニーズに転換するというアプローチを取ります。**

　まず自社の強みを整理しました。そして、家電カテゴリーの中で最も強みを有する「掃除機」をテーマとして検討しました。

- ロボット掃除機に関する独自の技術を有する
- 吸引力を高めるフィルター素材を有する
- 溜まったゴミや埃を、手を使わずに処理できるカートリッジ技術
- 小ロット開発をスピーディーに展開できる開発部門
- AIベンチャーとの強固なネットワーク
- コールセンターを本社内に持つ
- 保守管理スタッフが充実

こうして挙げられた強みからベネフィットを探索していきます。強みが、顧客に対してどのようなベネフィットを提供できるかという観点で発想していきます。例えば、「小ロット開発をスピーディーに展開できる」という強みから「カスタマイズ対応できる」というベネフィットが抽出できます。自社の強みや技術を使うとどんなお役立ちができるのかということについて、顧客の立場で検討していくのです。

次に、ベネフィットからニーズを探索していきます。そうしたベネフィットはどんな困りごとに効くのか、という発想です。前例で考えると、「自社の敷地の形状に適した仕様にしてもらいたい」というニーズが発想できます。店舗やオフィスは家庭とは異なる形状の家具や什器が配置されていることが多くそうした空間に対応して欲しいというニーズです。

戦略的プロダクトアウトは、通常のマーケティングとは全く逆のアプローチですが、強みや技術をもとに発想しているので実現可能性の高いコンセプトを作成することができます。BtoCよりも BtoB市場で展開する場合に有効なアプローチといえます。

強みからベネフィット、ニーズへの発想転換を図表C2-4にまとめます。

ニーズに展開する際のポイントは言葉尻を揃えるということです。ベネフィットは「～できる」、ニーズは「～したい」「～欲しい」という言葉で終わるように発想していくとスムーズにできると思います。

図表C2-4　戦略的プロダクトアウトの発想転換

シーズ	ベネフィット	ニーズ
●ロボット掃除機に関する独自の技術を有する ●吸引力を高める独自のフィルター素材を有する	●床にへばりついた頑固なゴミや埃もキャッチすることができる	●人手不足を解消したい
●溜まったゴミや埃を、手を使わずに処理できる特許	●手間を掛けずにメンテナンスできる	●従業員の業務負担を軽減させたい
●小ロット開発をスピーディーに展開できる	●カスタマイズ対応できる	●自社の敷地の形状に適した仕様にしてもらいたい
●AIベンチャーとの強固なネットワーク	●お掃除以外の機能を持たせることができる	●簡単な接客や告知によって話題性を集めたい
●コールセンターを本社内に持つ ●保守管理スタッフが充実	●24時間365日故障や不具合の対応ができる	●パートやアルバイトなど機器の知識がない従業員でも安心対応させたい

◆ ターゲットをフィットネスクラブに絞り込む

　ニーズが探索できたら、ターゲットを仮説設定します。「ニーズを持っているのは、どのような企業や組織か？」という観点でターゲットを抽出していきます。

　B社の探索したニーズで考えてみましょう。ニーズに対してターゲットを制限なしに発想すると検討の幅が広がりすぎてしまいますので、掃除機やクリンリネスのニーズがあるかという範囲で考えていくとよいでしょう。

　図表C2-5のような要領です。ここ最近の好景気によってどの業種でも人手は不足しています。特にパートやアルバイトに頼っている業種や業態での不足感は高まっています。そして人手不足の課題は業態や業種によって異なるため、ターゲットをさらに細かく検討していきます（図表C2-6）。

図表 C2-5　ニーズとターゲット

ニーズ	ターゲット（業種・業界）
●人手不足を解消したい	●飲食業 ●物販
●従業員の業務負担を軽減させたい	●飲食業 ●物販
●自社の敷地の形状に適した仕様にしてもらいたい	●フィットネスクラブ ●飲食業（個人経営）
●簡単な接客や告知によって話題性を集めたい	●ホテル ●フィットネスクラブ
●パートやアルバイトなど機器の知識がない従業員でも対応できる	●物販 ●飲食業

図表 C2-6　ターゲットの具体的イメージ

ターゲット	具体的なイメージ
飲食業	●ファストフード店 ●ファミリーレストラン
飲食業（個人経営）	●食事メイン（そば屋・和食店） ●居酒屋
物販	●コンビニエンスストア ●スーパーマーケット ●百円ショップ ●個店経営店
フィットネスクラブ	●総合フィットネスクラブ ● 24 時間営業のフィットネスクラブ ● RIZAP などのパーソナル指導
ホテル	●高級ホテル ●ビジネスホテル ●旅館・民泊

では、ターゲットを詰めていきましょう。Case1 と同じく評価軸をもってロジカルに選定していきます。今回は「収益性」「規模（企業数）」「成長性（業種としての成長性）」、そしてB社の強みとニーズの「適合性」の4つの軸で評価していきます（図表 C2-7）。

図表C2-7　ターゲット評価

	ウェイト	評点（5点満点）													POINT											
		ファストフード	ファミレス	食事メイン	居酒屋	コンビニ	スーパー	百円ショップ	個店経営店	総合フィットネス	24時間営業のフィットネス	パーソナル指導	高級ホテル	ビジネスホテル	旅館・民泊	ファストフード	ファミレス	食事メイン	居酒屋	コンビニ	スーパー	百円ショップ	個店経営店	総合フィットネス	24時間営業のフィットネス	パーソナル指導	高級ホテル	ビジネスホテル	旅館・民泊
収益性	30%	2	2	1	1	1	1	1	3	4	4	5	3	3	0.6	0.6	0.3	0.3	0.3	0.3	0.3	0.9	1.2	1.2	1.5	0.9	0.9
規模	35%	5	4	3	3	5	4	3	3	4	4	2	3	4	1.8	1.4	1.1	1.1	1.8	1.4	1.1	1.4	1.4	0.7	1.1	1.4	1.4
成長性	25%	3	3	2	2	3	2	2	4	4	4	3	4	4	0.8	0.8	0.5	0.5	0.8	0.5	0.8	0.5	1.0	1.0	0.8	1.0	1.0
適合成	10%	2	2	1	1	2	2	2	3	1	3	1	3	5	0.2	0.2	0.1	0.2	0.2	0.2	0.3	0.4	0.1	0.3	0.5		
	100%	12	11	7	7	11	9	9	7	14	16	13	12	14	16	3.3	3.0	2.0	2.0	2.4	2.3	2.0	3.6	4.0	3.2	3.4	3.6	3.8

　評価結果は、24時間営業のフィットネスクラブが最も高く、次いで旅館や民泊となりました。同社は規模がさほど大きくないので、「小ロット開発をスピーディーに展開できる」が強みの1つですから、標準品では満たされないニーズを有している企業が狙い目となります。

　24時間営業のフィットネスクラブは、従来のフィットネスクラブからいくつかの要素を引き算したビジネスモデルで成長著しい業態です。健康意識の高まりやストレス社会の中で、好きな時に便利な場所（自宅や勤務先近く）で気軽に身体を動かしたいというニーズにマッチしています。成長性が高いのと比較的安価でサービス提供しているので、少人数の従業員でのオペレーションが特徴です。そうした中で室内を清潔に保ちたいというニーズが当社の掃除機シーズと適合するのではないかと想定しました。

3 » フィットネス業界を分析し課題仮説を抽出する

ターゲットが設定できたら、少し視野を広げてフィットネス業界の分析をしていきます。顧客の属する業界分析を行うことで顧客の隠れた課題を引き出すことができます。隠れた課題とは次の2つに大別されます。

隠れた課題①：あなたにはいわない、解決手段をもっていないと勝手に考えていること
隠れた課題②：顧客企業自身も認識していない、整理されていないこと

BtoBマーケティングにおいて、業界分析を行うことはソリューション展開するうえで重要なプロセスです。また、業界分析を行う際には、顧客に直接、課題を訊く前にいったん**デスクリサーチ**[1]を行うことが有効です。

もちろん顧客の声は最も参考になる情報ですが、**最初に顧客に聴くということは避けたいところです**。こちら側に何も情報がない中で顧客インタビューを行ってしまうと、顧客の課題の範囲が自社商品の価値提供の範囲に限られてしまうのです。そうではなくデスクリサーチを事前に行い、顧客の立場で一旦課題を考えるプロセスが有効です。

業界分析の進め方は、まずは2次データを読み込み、Fact（事実）を明らかにします。そして顧客企業を巡ってどのような環境変化があるのかFindingしていきます（図表C2-8）。そうすることで環境変化要因を解決するために何を行うべきか業界の課題を明らかにすることができます。

Factは、①市場規模の推移と、②各社の施策展開、③顧客動向の分析という3つの観点から情報を収集します。情報は極力定量データを中心に収集していきます。定量データは他者との比較が容易で、状況を客観的に把握できるというメリットがあるからです。

---

[1] 既存の資料、統計データ、文献などを調べてまとめること。

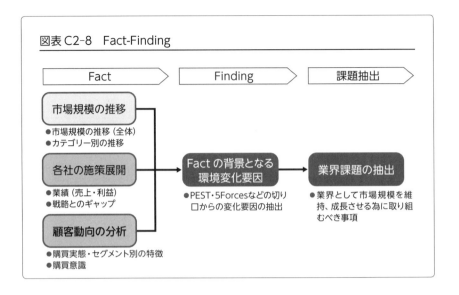

①市場規模の推移はフィットネス市場がどれくらいあるのか、金額ベースで概観します。推移を見ることによって成長市場なのか、成熟している市場なのか、はたまた衰退市場なのか判別することができます。

②各社の施策展開とは、フィットネス業界でビジネス展開している企業の動向、戦略、方針をまとめます。ここでも定量的なデータを中心に収集していきます。上場企業であれば**有価証券報告書**を入手します。有価証券報告者は売上や利益などの業績が詳しく記載されています。各社の戦略は、株主や利害関係者のための決算説明会資料やアニュアルレポートなどから知ることができます。

Factの最後は③顧客動向です。顧客企業の顧客、フィットネスクラブ会員や潜在的な顧客となり得る一般生活者の分析です。

収集したデータから重要と思われるFactを抜き出します。そしてそれらが何故起きたのか要因や背景をFindingしていきます。環境変化要因はマクロ環境の分析で使用するPEST分析や、業界分析のフレームワークとしての5フォースを頭に思い浮かべながら考察していきます。

こうすることで業界を巡る環境変化を捉え、業界として何を優先的に取り組むべきか、課題を導くことができます。

では実際にフィットネス業界の分析を進めていきましょう。

◆ 市場規模の推移から業界の将来課題を考える

（株）クラブビジネスジャパン「日本のクラブ業界のトレンド2016年度版」によるとフィットネスの市場規模は、2016年4,473億円で前年比2％の増加率です（図表C2-9）。過去5年で見ると横ばい状態といえます。一方で施設数はグラフを見る限り右肩上がりで、2016年4,946軒、前年増加率は6.1％です。施設数の増加率のほうが全体の市場規模の増加率よりも上回っているということです。

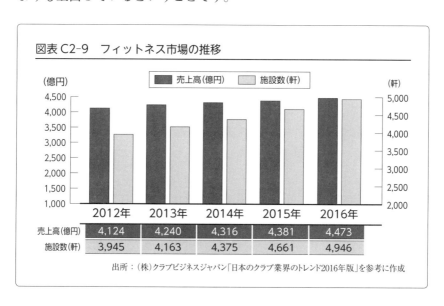

次にフィットネスクラブの会員数をみるとこちらも横ばいです（図表C2-10）。2014年比で0.5％の増加率です。1施設あたり延べ利用者数は減少しています。14年比で▲6.4％となっています。これらのFactから

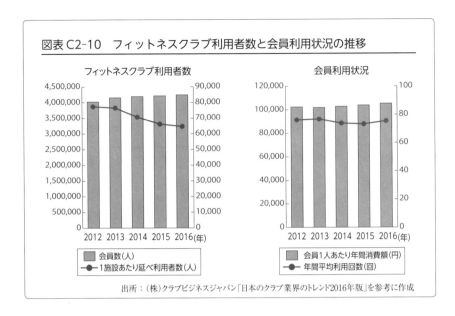

図表C2-10　フィットネスクラブ利用者数と会員利用状況の推移

出所：(株)クラブビジネスジャパン「日本のクラブ業界のトレンド2016年版」を参考に作成

いえることは、限られた市場を巡って競合が激しい状況であるということです。

　会員の利用状況として、会員1人当たり年間消費額や年間平均利用回数にも大きな変化は見られません。会員側に大きな変化はなくサービス提供側が需要を取り込むために競合している様子が窺えます。

　「産業活動分析(平成26年10～12月期(年間回顧))」[2]によるとスポーツクラブ使用料の特化係数[3]で60歳代、70歳代が増加しています(図表C2-11)。フィットネスクラブ会員の年齢構成比で60歳以上が高まる傾向にあります。20代、30代の比率は低下傾向です(図表C2-12)。背景としては高齢化の進展とアクティブシニアの増加が挙げられます。昔よりも元気な高齢者が増加し、フィットネスクラブで汗を流している状況が窺えます。今後ますます高齢化は進展していきますので、後期高齢者などの新たな需要に備えることが課題として挙げられます。

---

[2] http://www.meti.go.jp/statistics/toppage/report/bunseki/pdf/h26/h4a1502j1.pdf より。
[3] 全支出における「スポーツクラブ使用料」がどの程度の構成比なのか全年代の構成比を比較した数値。1よりも大きいと当年代の構成比が特徴的に大きいことを示す。

図表 C2-11 「スポーツクラブ使用料」の世帯主の年齢階級別特化係数（二人以上世帯）

出所：経済産業省「産業活動分析（平成26年10～12月期（年間回顧））」

図表 C2-12 フィットネスクラブ会員の年齢別構成比の推移

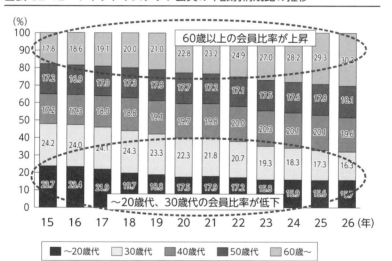

注）1. 大手フィットネスクラブのうち、IR資料で会員の年齢別構成比を公表している3社（セントラルスポーツ株式会社、株式会社ルネサンス、株式会社メガロス（21年～））について単純平均したもの。会員数を公表している企業が少ないため、構成比の単純平均であることに留意する必要がある。
2. 隔年3月末の数字。
出所：各社IR資料から作成

◆ プレイヤーの戦略を読み、課題をブラッシュアップする

　市場規模の推移が確認できたら、次はフィットネスクラブで事業展開する企業（プレイヤー）の活動状況を見ていきましょう（図表C2-13）。

　グラフ全体を概観すると業界首位のコナミスポーツクラブは年々売上を下げていますが、それ以外は軒並み増加しています。各社の決算説明会資料を読み込むと、様々な工夫で売上を高めていることがわかります。2位グループのセントラルスポーツ、ルネサンス、ティップネスは、コナミスポーツと同様に総合的なフィットネスクラブの事業展開をしています。マシンやスタジオプログラムを実施するスペースと屋内プール、ジャグジーつきの温浴施設、テニスやフットサルなどのスクールもあります。スクール事業の強化や、健康維持のためのIoT活用、スタッフとのコミュニケーション強化など、多方面で広く健康維持やダイエットに対するニーズを取り込もうという施策が展開されています。

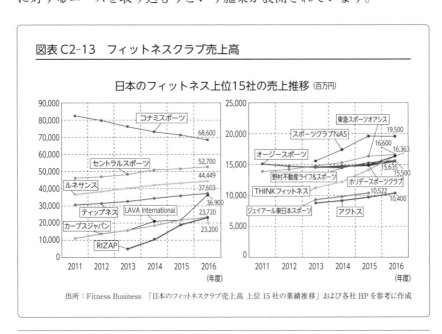

図表C2-13　フィットネスクラブ売上高

出所：Fitness Business 「日本のフィットネスクラブ売上高 上位15社の業績推移」および各社HPを参考に作成

それに対して、2位グループを追うLAVA International、カーブスジャパン、RIZAPの3位グループの事業展開は、かなり専門特化しています。LAVA Internationalはホットヨガです。ダイエットや美容ニーズに特化しています。カーブスジャパンは女性専用のフィットネスで主に中高年女性の健康維持ニーズを取り込んでいます。どちらも2位グループの総合フィットネスとは異なり省スペースで多店舗展開しているのが特徴です。会員費は安価に抑え、温浴施設などはなく戦略的に資源配分しています。一方のRIZAPは逆張りです。テレビCMでのビフォーアフターはご存知の方が多いと思います。マシンや筋トレによる運動と食事制限による肉体改造を売り物にしています。トレーナーとのコミュニケーションを密にして、結果にコミットすること（確実にダイエットする）を商品価値としています。その分価格はかなり高めの2カ月で約35万円（入会金5万円含む）です。痩せたいという強いニーズを持った富裕層などのニーズを着実に掴み事業成長している企業です。

"ANYTIME FITNESS"など24時間営業のフィットネスクラブもそうした特定ニーズの取り込みに成功したサービス業態といえます。身体を鍛えたいと望む20代若者の日常生活は、仕事や学校で多忙です。好きな時間に便利な場所で身体を動かしたいと望みます。そうしたニーズを取り込むために駅前など利便性の高い場所にマシンとシャワーという最低限の施設を提供しています。24時間営業しており、夜間はスタッフも不在で、会員はカードキーで入退室します。

このように老若男女、健康意識が高まる現在では様々なニーズの受け皿として多種多様な業態がフィットネス業界に進展しています。

◆ 顧客の顧客（フィットネスクラブ利用者）の動向を分析する

業界分析の最後は、「顧客の顧客」の動向です。フィットネスクラブの会員の動向を分析します。東急グループのモニター組織KOETOMO「運動やフィットネスクラブに関するアンケート」（2017年7月実施）

からフィットネスクラブ会員の動向を知ることができます（図表C2-14）。

　まずはスポーツジム加入のきっかけです。「自宅近くにあったから」が過半数の52.5％で圧倒的多数です。現在通っている人が選択した理由でも「通いやすい場所にある」は91.3％と地理的利便性がフィットネスクラブ（スポーツジム）選択の大きな要因です。フィットネスクラブに継続して通うということを前提とすると至極当然の結果といえます。

　次にジムで行っていることです（図表C2-15）。マシンを使った筋肉トレーニングが62.6％、マシンを使ったランニング・ウォーキング48.6％と他を圧倒しています。大多数が筋トレやランニング・ウォーキングといったシンプルな運動をしています。フィットネスクラブ以外でも「自宅での筋トレ、ストレッチ、ラジオ体操など」37.8％「ウォーキング」33.3％と簡単な運動に人気が集まっています。フィットネスクラブに通っている人だから他のスポーツも積極的にやっているというわけではなさそうです。

　次はフィットネスクラブの潜在顧客、現在は、フィットネスクラブに通っていない人は、どうしたら通ってみたいと思うかという質問です（図表C2-16）。「健康管理・体調管理のため」53.1％、「ダイエット・ボディメイク」22.7％、「ストレス解消」16.7％などが上位です。カーブスは健康管理、体調管理に対応しています。LAVA Internationalのホットヨガやライザップはダイエット・ボディメイクに対応しています。カーブスやホットヨガ、RIZAPが受け入れられているのはこうした需要を取り込んでいることが要因として考えられます。

　スポーツ庁「スポーツの実施状況等に関する世論調査」（平成28年11月調査）によると、運動不足を大いに感じている人は、全体で約4割です（図表C2-17）。男性では30代〜50代、女性は20代〜50代の第一線で活躍する現役年代が不足感を感じていることがわかります。こうした人達のニーズを取り込むことも大事な視点といえるでしょう。

図表 C2-14　スポーツジム加入のきっかけと選択理由

■ スポーツジム加入のきっかけ

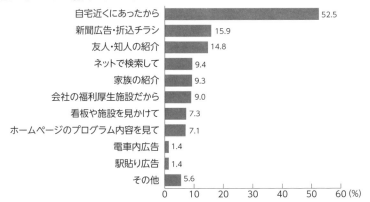

	(%)
自宅近くにあったから	52.5
新聞広告・折込チラシ	15.9
友人・知人の紹介	14.8
ネットで検索して	9.4
家族の紹介	9.3
会社の福利厚生施設だから	9.0
看板や施設を見かけて	7.3
ホームページのプログラム内容を見て	7.1
電車内広告	1.4
駅貼り広告	1.4
その他	5.6

■ スポーツジムの選択理由（現在通っている人）　n=1248

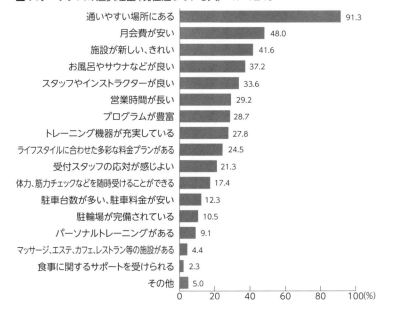

	(%)
通いやすい場所にある	91.3
月会費が安い	48.0
施設が新しい、きれい	41.6
お風呂やサウナなどが良い	37.2
スタッフやインストラクターが良い	33.6
営業時間が長い	29.2
プログラムが豊富	28.7
トレーニング機器が充実している	27.8
ライフスタイルに合わせた多彩な料金プランがある	24.5
受付スタッフの応対が感じよい	21.3
体力、筋力チェックなどを随時受けることができる	17.4
駐車台数が多い、駐車料金が安い	12.3
駐輪場が完備されている	10.5
パーソナルトレーニングがある	9.1
マッサージ、エステ、カフェ、レストラン等の施設がある	4.4
食事に関するサポートを受けられる	2.3
その他	5.0

出所：KOEMOTO「運動やフィットネスクラブに関するアンケート」

図表C2-15 スポーツジムで行っていることと最近行った運動やスポーツ

■スポーツジムで行っていること(現在通っている人)　n=1248

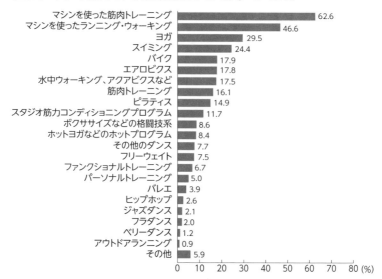

■この1年間で行った運動やスポーツ

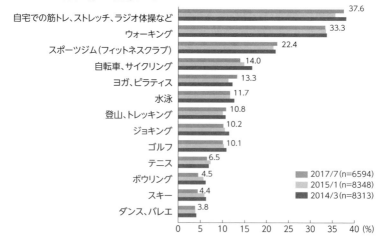

出所：KOEMOTO「運動やフィットネスクラブに関するアンケート」

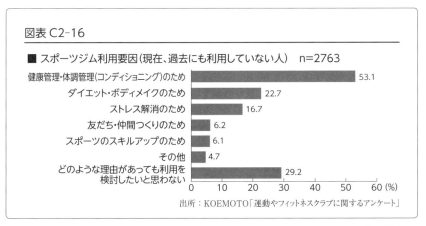

図表 C2-16
■ スポーツジム利用要因（現在、過去にも利用していない人）　n=2763

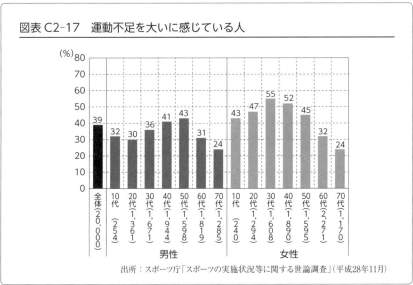

図表 C2-17　運動不足を大いに感じている人

出所：スポーツ庁「スポーツの実施状況等に関する世論調査」（平成28年11月）

◆ 業界の課題を整理する

　これまで市場動向、各社の施策、顧客・生活者の観点からフィットネスクラブの現状と変化要因から課題を抽出してきました。今一度課題を整理してみましょう（図表 C2-18）。

図表 C2-18　フィットネスクラブの課題

		Fact	背景	課題
市場動向		●市場規模（業界売上高）は微増（15年比2％増） ●施設数は増加傾向（15年比6％増）	●RIZAPやカーブスなど新業態の進出によってフィットネスクラブの競争が激化している	●限られた市場の中で潜在需要を開拓することが求められている
		●会員数は横ばい（15年比0.5％増） ●1施設当たり延べ利用者数は減少傾向（15年比▲6.4％）	●1施設当たり会員数が減少している	
		●会員1人当たり年間消費額は微増（15年比1％増） ●年間平均利用回数は微減傾向（15年比▲0.8％）	●会員の利用頻度や消費金額の変化は少なく、限られた市場に競合がひしめいている	●物販や自宅での指導（遠隔）など新たな収益源の探索
		●スポーツクラブ使用料の特化係数では60歳代、70歳代が増加 ●フィットネスクラブ会員の年齢構成比で60歳以上が高まる傾向 ● 〃 20代、30代の比率は低下傾向	●元気な高齢者割合が高まっている。2025年問題（65歳以上人口4000万人超）	●超高齢化社会に備え、健康維持目的の後期高齢者に対する受け皿の創出
各社の施策		●コナミは年々売上高が減少傾向（15年比▲3.8％） ●セントラル（2.0％増）、ルネサンス（2.2％増）、ティップネス（3.4％）の2位グループは増加傾向 ●LAVA（68.1％増）、RIZAP（20.3％増）、カーブス（9.5％増）は急増している。	●これまでのフィットネスクラブの常識にとらわれない独自のポジショニングをとる新規参入企業によって業界内の構造が変化している	●違いを明確にしたポジショニングを構築していくことが求められている
顧客・生活者		●フィットネスクラブの経験割合は「筋トレ・ストレッチ37％」「ウォーキング33％」に次いで3位で22％ ●フィットネスクラブではマシンを使った「筋トレ」63％や「ラン、ウォーキング」47％の割合が高い	●特別なスキルや道具を必要としない身近なスポーツ（運動）や動作が簡単な運動に人気が集まる	●感覚的に動作できるマシンやサービスの開発。VRを活用した体感マシンなど
		●フィットネスクラブ未経験者のニーズとして、健康管理・体調管理（53％）、ダイエット・ボディメイク（23％）が高い ●ダイエットの障害として「食欲」39％との闘いが多い ●ダイエット成果を2-3カ月以内に求める傾向が強い（52％）	●中高年はメタボ、女性は美意識によってダイエットのニーズが高い	●単に体を動かすだけでなく、生活面からもダイエットを成功させるためのサポートとしかけが必要
		●運動不足を感じているのは男性は40代（41％）50代（43％）、女性は30代（55％）40代（52％） ●男性40代（34％）50代（36％）、女性は30代（28％）40代（29％）は運動実施率が低い	●働き盛りの男性中高年や、子育て世代の女性30-40代は運動する時間を捻出することが困難である	●エニタイムフィットネスなどフィットネスクラブへ行く時間のない人にも対応できるビジネスモデルによる需要開拓

国内人口が減少し、高齢化が進展する中で、人々の健康意識は益々高まることが予想されます。そうした状況で総合的なフィットネスクラブから、特異な使用方法やニーズの絞り込みによる専門特化の方向に流れがあるようです。よりわかりやすい訴求がニーズを取り込んでいくということです。ただ総合的なフィットネスクラブも手をこまねいているだけでなく、ブランド力を活かして専門施設を展開していくことでしょう。現にルネサンスは24Hジム会員制度を設け、「いつでもマシンを利用したい」というニーズを本体とは別の施設やサービスで取り込んでいます。そうした業界環境では、24時間営業というサービスの形態だけでの差別化には限界があります。VR活用の体感マシンによる手軽さ、面白さの訴求や、保安面強化などの競合優位性を確立することが求められます。またターゲットを若者から拡張し、後期高齢者に移行するというのもよいかもしれません。

【業界課題のまとめ】
健康ニーズは多様化し、総合フィットネスクラブから専門特化によるサービス展開が予想される
ターゲットの絞り込みやIoT、VRやARなどのIT技術を駆使した競合優位性の確立が必要

4 » 24時間フィットネスへのコンセプト立案

◆ 課題仮説の設定

　業界の課題が抽出できたので、次はいよいよ24時間営業フィットネスの特性と課題・ニーズについて整理していきたいと思います。24時間営業フィットネスという業態には、以下の特性があります。

- 24時間365日好きな時に、トレーニングすることが可能
- プールやスタジオはなく、マシンジムのみ
- 低価格の会員費（6000円～8000円）
- 世界中の店舗が、追加料金なしで利用可能
- 深夜、早朝はスタッフがいない無人対応となる
- 専用セキュリティキーで解錠
- 防犯カメラ設置
- トラブル時には警備会社が現場へ急行
- 小型店をフランチャイズ展開
- 店舗数が多い（ANYTIME FITNESSで全国約400店、JOYFIT24で約300店）
- 浴場やジャグジーがなく、シャワーのみ[4]

　前項の顧客の顧客の動向にもありましたが、フィットネスクラブで利用する機器の最も多いのは、マシンを使った筋肉トレーニングで、次いでマシンを使ったランニング・ウォーキングです。

　24時間営業フィットネスはここに目をつけたということです。さらに選択理由の第一位には「通いやすい場所にある」が91％でした。小規模な商業ビル等に入居することで固定費を削減し、フランチャイズシステムで多店舗経営しやすい「しくみ」にしたのも理にかなっています。

　こう考えると24時間営業フィットネスクラブには死角がないパーフェクトなビジネスモデルに感じられますが、深掘りをしていくと、いくつかの課題が見えてきます。特に利用者の立場からみればいくつか不安な面があります。

- 深夜や早朝は無人になるが、セキュリティは万全なのか？
- スタッフが少ないが、施設を清潔に保つことはできるのか？
- 施設内の空調はしっかりと作動するのか？（汚れや臭い）

---

[4] ANYTIME FITNESSのホームページを参考にした。

- 会員間のトラブルが実際に起きた時に不安がある
- 警備会社が急行する前の暴力やいざこざが心配
- 言葉の暴力などのマナー違反が心配
- ルールを守らない会員がいるのではないか
- 不適切な利用（飲酒や睡眠）をする会員はいないのか？

セキュリティが万全といわれても、やはり無人というのは不安なものです。話をしなくても、特別何もしていなくてもスタッフがいるだけで、安心感があるのは事実です。その辺りが大きな課題なのではないでしょうか？

これらをまとめて、24時間営業フィットネスの課題仮説を整理します。

☆ 防犯カメラを超えるセキュリティ体制（抑止効果）
☆ 深夜早朝時でも清潔さを保つクリンリネスシステム
☆ ルール違反者を発見し注意喚起することで会員間モラルの醸成

◆ フィットネスクラブ担当者への仮説検証インタビュー

　課題仮説を検証するために、ターゲットである24時間営業フィットネスのキーマンにインタビューしてみましょう。実際に業務展開しているフランチャイズのオーナーやチェーン本部の購買担当者に仮説をぶつけてみるのです。インタビューする際には、その場の流れで何となく話しをするのではなく、どのようなストーリーでインタビューを行うか、事前にしっかりと話の手順を整理しておきましょう（図表C2-19）。話し言葉そのものを準備しておく必要はありませんが、どのような事柄をどのように質問していくのかフロー（シナリオ）を考えておきましょう。

図表 C2-19　インタビューフロー

項目	内容	質問文（箇条書き）	時間（分）
1. 顧客情報収集	●業務内容 ●業務課題	〇〇さんはどのような業務がメインですか？ 最近の関心事はどのようなことですか？	10分
2. ストーリーの伝達	●業界分析から導いた仮説を説明する	①フィットネスクラブ市場は微増傾向にある ②カーブスやRIZAP、ホットヨガなど専門特化したサービスで売上を伸ばしている ③各社とも24時間営業フィットネスに参入してくる可能性がある ④競合優位性が必要。競合優位性を確立するために、以下の課題（仮説）がある ・防犯カメラを超えるセキュリティ体制（抑止効果） ・深夜早朝時でも清潔さを保つクリンリネスシステム ・ルール違反者を発見し注意喚起することで会員間モラルの醸成 〇〇さんは、いかがお考えになりますか？	25分
3. 課題の優先順位	●3つの課題について優先順位をつけてもらう	優先順位をつけるとしたらどうなりますか？ どのような基準で優先順位を付けましたか？ その他に課題はありますか？	15分
4. 対処と解決の方向性	●課題についてどう対処していくか方向性について意見を伺う	セキュリティ体制の強化は重要かつ緊急な課題と思いますが、現在どのような処置をしていますか。今後の課題解決に対しては、どのように取り組むことがベストと考えますか？	10分

♦ コンセプトを作成する

　仮説が検証できた後には、コンセプトシートを作成します。本企画もいよいよ最終コーナーに差しかかります。今回の24時間営業フィットネスは、法人企業で、エンドユーザーが一般消費者ですからBtoBtoCのコンセプトシートを使います（図表C2-20）。

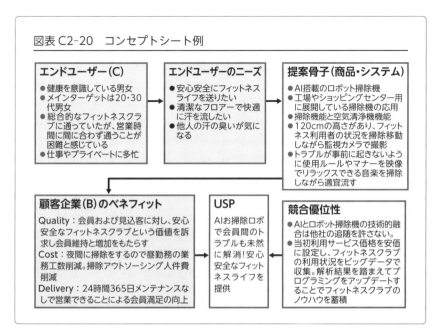

図表 C2-20　コンセプトシート例

5 潜在ニーズを引き出す「聴く技術」を駆使して受注を獲得

　コンセプトが社内で承認され、営業活動をする段階になりました。プロジェクトではマーケティング志向の営業活動を展開したいと考え展示会や業界誌などの広告に加えて、ダイレクト営業を行うことにしました。

　通常の営業活動は商品概要から説明していきますが、マーケティング志向の営業活動は顧客との雑談から購入意識を高めていくプロセスをとります。BtoBマーケティングでは購買者は衝動買いをすることはほとんどありません。高額商品については社内稟議を行って組織的に購買します。ですから購買目的が明確でないと購買活動は起こりえないのです。企業活動における課題やニーズを顕在化することが重要になってきます。ダイレクト営業では営業パーソンが1対1で顧客担当者に対して質

問を投げかけることで購買意欲を高めていきます。

図表C2-21が購買意欲を高める質問技法のフレームワークです。

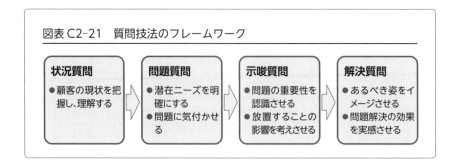

これらの質問はSPINといわれています。

- 状況質問：**S**ituation questions
- 問題質問：**P**roblem questions
- 示唆質問：**I**mplication questions
- 解決質問：**N**eed-Payoff questions

　状況質問は、顧客の現状、環境についての客観的事実を訊ねる質問です。例えばITシステム会社であれば、顧客に対して「今のシステムは何年お使いですか？」と訊くことによって、顧客の使用状態を知ることができます。顧客と面談をするうえで、至極当然の質問です。

　顧客の状況がわかったら次は、問題質問に展開していきます。顧客の不完全な状況（問題・障害）や不満を訊ねる質問です。状況質問で明らかになった顧客の状況に対して、「あなたはどう思いますか」と顧客の意思や考え、評価（不平・不満・不便など）を訊ねる質問です。「今のシステムの運用はいかがですか？」という質問になります。この質問に対して顧客はシステム上の問題点や不満に感じていることを話してくれます。例えば「月に1回くらいの頻度でフリーズすることがあるんだよ

ね」と答えてくれるかもしれません。ここで一気に自社商品の特徴を話したくなりますが、まだ我慢です。というのもこの段階では顧客はコトの重大さに気づいていません。ITシステムってそういうものだよね。と半ばあきらめているかもしれませんし、多少放置しても問題ないと考えているかもしれないからです。

そこで示唆質問に入ります。示唆質問は、顧客が、まだそれほど深刻に感じていない問題が、他者・他部門・将来に及ぼす影響を考えさせるのです。示唆質問に答えることは新たな発見が多くあり、深く考えていなかった問題を認識、チェックする結果になり、リスク回避に繋がります。「先程フリーズすることがあるとおっしゃいましたが、それは御社のお客様にどんな（悪い）影響を与えますか？」という感じです。この質問によって認識していなかった顧客への悪影響ということを考えることになります。

そして最後は解決質問です。示唆質問はニーズを広げるというか、不完全な状態がいかに深刻なのかを考えさせるネガティブなアプローチなのに対して、解決質問は、問題解決できたら素晴らしい結果が得られるということに気づかせるポジティブなアプローチになります。人は他者から指摘を受けたり、勧められたりすることよりも、自分が発言したことのほうが記憶に残りやすいという特性を持ちます。問題解決した後の素晴らしい結果、即ち効果を顧客に語らせるのです。その結果顧客は問題解決への強い願望を感じるようになるのです。「フリーズの問題が解決できると、顧客に対してどのようなよい影響を与えることになりますか？」といった質問になります。

このような営業アプローチはソリューション型営業活動には有効に働きます。24時間営業フィットネスへのアプローチを当てはめてみると図表C2-22のようになります。

図表 C2-22　営業アプローチの例

　状況質問：24時間営業が御社の特徴の1つですが、クリンリネスはどのように維持されていますか？

そうですね。清潔さは第一ですから毎日従業がやっていますよ

　問題質問：従業員の方は少ないので、大変ですね

確かに当社は基本的に1オペ（1人で仕事をこなす）です。夜間は無人ですし…

　示唆質問：従業員の方のご負担はかなりのものじゃないですか？それがきっかけで顧客対応がおろそかになると顧客満足に影響しませんか？

そうですね。フィットネスクラブは会員維持が収益に直結しますよね。従業員満足が低いと離職してしまうかもしれません

　解決質問：従業員満足が向上すると、全社的にどのような影響を与えますか？

ヒト不足時代ですから、採用費の抑制に繋がります。顧客満足向上が得られれば見込客に対する口コミも期待できます

Case 3
学習塾の新市場開拓

●最後のケースは、少子化に悩む学習塾です。マーケットの縮小が続くため、どのような生存戦略を採るのでしょうか？ 強みを活かして新たな市場に打って出るための戦略を考えましょう。

1 » 少子化という逃れられない現実

　C社は昭和62年創業の老舗学習塾です。バブル時代を経てゆとり時代にかけて子どもへの教育熱は高まり、学習塾も多店舗展開を図ってきました。創業以来、業績は順調そのものに推移していましたが、2008年リーマンショック、2011年東日本大震災を経て、売上高は減少傾向にあり、ピークの3分の2の水準にまで落ち込んでいます。

　矢野経済研究所の「教育産業市場に関する調査」によると、学習塾・予備校市場は2016年度9620億円と前年度比0.5%増加しており、2013年度から4年程は微増傾向が続いています（図表C3-1）[1]。

　市場全体が微増傾向に推移しているのに対してC社の業績が低迷しているのには理由があります。C社は学習塾の中でも、中学受験、高校受験を専門としているため、少子化の影響をダイレクトに受けています。

図表C3-1　学習塾・予備校市場規模推移

注1．事業者売上高ベース
注2．（予測）は予測値（2017年9月現在）

---

[1] 株式会社矢野経済研究所「教育産業市場に関する調査（2017年）」

矢野経済研究所のデータでは小中学校の学習塾に加え、大学受験予備校まで含まれているため、微増傾向にあるといえるのです。2009年頃から大学全入時代といわれ予備校産業の危機が叫ばれていますが、実態としてはまだその影響が少ないという状況です。

文部科学省の実施する「平成29年度学校基本調査」[2]によると、少子化傾向を受けて、昭和の終わりから平成にかけて小学校、中学校、高校の在学者は長期的に減少傾向です。対して大学（学部）は平成29年度時点では微増傾向でここ10年程は横ばいが続いています。おそらく後5年後には減少傾向がみられると思いますが、まだ減少はしていません。

矢野経済研究所のサマリーによると、学習塾・予備校市場が微増傾向にある要因として、「有名難関校を目指す上位志向層は、少子化によって対象人口が減少する環境においても一定規模を維持しており、受験指導に強みを持つ事業者は、その需要を取込み、業績を維持ないし拡大させている」としています（図表C3-2）。

C社の事業領域として大学受験、予備校分野まで拡張するという選択

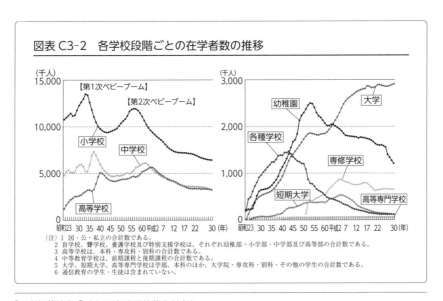

図表C3-2　各学校段階ごとの在学者数の推移

(注) 1　国・公・私立の合計である。
2　盲学校、聾学校、養護学校及び特別支援学校は、それぞれ幼稚部・小学部・中学部及び高等部の合計数である。
3　高等学校は、本科・専攻科・別科の合計数である。
4　中等教育学校は、前期課程と後期課程の合計数である。
5　大学、短期大学、高等専門学校は学部、本科のほか、大学院・専攻科・別科・その他の学生の合計数である。
6　通信教育の学生・生徒は含まれていない。

[2]　文部科学省「平成29年度学校基本調査」
http://www.mext.go.jp/component/b_menu/other/__icsFiles/afieldfile/2018/02/05/1388639_1.pdf

肢は、10年後、20年後を考えると得策ではありません。現状の中学受験、高校受験は母数である子どもの数が減少している現状を考えるといずれ縮小していくと容易に予測できるからです。

◆ 自社の強みを整理する

　新事業の確立が待ったなしの状況にあるＣ社は、まず自社の強みがどこにあるのか整理することにしました。もともとＣ社は教育熱の高まりに乗じて、国内教室数を増加させてきましたが、その手段としてフランチャイズシステムを活用しています。フランチャイズ（FC）の特徴は、本部と加盟オーナーが理念を共有し、共存共栄を実現していることにあります。フランチャイジーであるオーナーとの共存共栄を目指し、創業3年目に学習結社Ｃセンターを結成しました。フランチャイジーとのトラブルは、これまで1件もありません。学習結社Ｃセンターとフランチャイザー（本部）が一心同体となって、勉強会や講師研修会、交流会を通して、経営ノウハウの共有を図り、オーナー参加型の理想のチェーンづくりを推進してきました。ブランド力をもとに全国すべての都道府県に教室展開している学習塾はＣ社だけです。ブランドマスコットである「自己管理できるしっかりちゃん」はテレビCMで子どもたちの間で身近で親しみやすいと認知されています。こうした認知度の高さ、ブランドイメージがＣ社の最大の強みとなっています。

　教室数・生徒数は国内第4位で、教室数1,123、生徒数8万5,424人は国内屈指の規模を誇っています。さらに教育カリキュラムの開発力に加え、優秀な講師の数、フランチャイジーも含めた国内施設などのハードも強みとして挙げられます。強みを整理すると以下のとおりです。

- 長年培った教育指導ノウハウ
- 本部と強い信頼関係にある全国フランチャイジー
- フランチャイズノウハウ

- 親しみやすいブランド力
- 全国に張り巡らせた教室数
- これまで指導した累計生徒数
- カリキュラム開発力
- 優秀な講師陣
- 講師教育システム

◆ マクロ情報からビジネスチャンスを探索する

　C社は新たな事業を企画開発するにあたって、強みである教育指導ノウハウや全国にあるフランチャイズ網を活かしていきたいと考えています。そこでC社を巡る国内環境を広く分析することにしました。環境変化要因の中で特にC社の事業に影響が高いものについて、どのようにビジネスに影響をあたえていくのかプラス面、マイナス面両面で検討していくことにしました。プラス面の影響はC社の事業におけるビジネスチャンス、機会と捉えます。反対にマイナス面は脅威となります（図表C3-3）。

図表C3-3　C社のPEST

	トレンド	プラス面の影響	マイナス面の影響
Politics	●地方創生と1億総活躍社会 ●働き方改革関連法案	●社会人教育ニーズが創出される	●従業員給料の上昇
Economics	●オリンピック・パラリンピック需要 ●インバウンド消費の質的変化	●語学習得ニーズ	●オリパラ後の景気低迷
Society	●少子化と人口減少 ●健康意識 ●アクティブシニア	●シニア向け学習 ●健康維持のための取組	●受講者数減少（子供）
Technology	●スマホ個人保有53% ●AI、AR、VR	●受講生との密なコミュニケーション	●動画学習や、家庭教師ロボットへの代替

2 ≫ 自社の強みを活かしてビジネスチャンスを掴む!

　マクロ環境分析から導き出された自社に対する影響に対して、自社がどのように適応していったらよいか検討していきます。特にプラス面の影響に着目し、自社の強みを活かして新たな事業の方向性を検討していくのです。この場合もただ漠然と頭の中で思いを巡らせるのではなく、マトリクスの項目に整理をして行と列がクロスするセルに何が入るのか検討していくという発想法が効果的です。表頭（列のラベル）にマクロ環境変化からのプラスの影響、表側（行のラベル）に自社の強みを配列して発想していきましょう（図表C3-4）。

　マトリクスでの思考法は、これまでの固定観念を取り去り、柔軟な発想を生み出します。留意点はとにかく思いついたものを書き出すということです。発想力を高めるには、"質より量を優先"させることにあります。例え実現性が低いと思われるアイデアでも、文章にすることで改良する材料となります。付箋などに書き留めて、ホワイトボードや模造紙にペタペタと張りつけるのです。こうした発想は1人で考えても発想の広がりが期待できません。4-5人でワイワイガヤガヤと楽しく検討していくのが有効です。

　C社のアイデア発想の結果を整理、有望と思われる3点に絞りブラッシュアップしました。

- 社会人向け教育ビジネス……圧倒的な認知度をもとに、個人で身につけたいビジネススキルから副業や起業まで範囲が広い
- 後期高齢者向け寺子屋……高齢社会の進展は避けられない状況にあり健康寿命を延ばす効果があり社会的意義も高い
- 生き方を学ぶ、リベラルアーツ……定年前後のビジネスパーソンに加え、知的好奇心の強い男性を対象とする

図表 C3-4　自社の強みとプラスの影響

		環境変化要因からのプラス面の影響				
		社会人教育ニーズが創出	語学習得ニーズ	シニア向け学習	健康維持のための取組	ITツールを活用した受講生との密なコミュニケーション
自社の強み	長年培った教育指導ノウハウ	社会人向け教育ビジネス	ビジネス英語塾	研究者育成塾	健康栄養講座	テレワークを活用した遠隔指導法の確立
	本部と強い信頼関係にある全国フランチャイジー	地域企業、中小企業向けビジネス講座		ボケないための後期高齢者むけ寺子屋		全国を結ぶオンデマンド講座
	フランチャイズノウハウ	企業向け副業ビジネス			スポーツ施設の新設、地域展開	
	親しみやすいブランド力	OB・OGへのネットワーク構築とビジネス講座案内	英会話講座	ボランティア養成		AIロボット講師に活用、スマホアプリ展開
	全国に張り巡らせた教室数	地域企業、中小企業向けサテライトオフィス展開		カルチャースクール貸出		
	これまで指導した累計生徒数	OB・OGへのネットワーク構築とビジネス講座案内		講師募集		SNSで繋がり有益な情報提供
	カリキュラム開発力		実践英会話コース	趣味としてのリベラルアーツ		
	優秀な講師陣	社内講師育成	外国人講師の育成（日本在住）			講師ノウハウのデジタル化
	講師教育システム	シニア人材・ミドル人材のビジネス講師育成			スポーツジムインストラクター育成	教育システムのデジタル化

◆ **ターゲットの設定：イシューアナリシス**

C社の新事業を絞り込む段階です。ここでは**イシューアナリシス**を使います。仮説として設定した解決施策の中から、評価軸をもってロジカルに選定します。評価軸は、**実現可能性**、**効果性**、**ビジネス性**の3つです（図表C3-5）。

社会人向け教育ビジネスは、ターゲットの年代が広く、今後の成長性も期待できます。30代〜50代のビジネスパーソン男女が中心となりますが、この層は10年後でも一定のボリュームが期待できます。

図表C3-5　イシューアナリシス

評価軸	評価項目（例）
実現可能性	技術力…自社が保有する技術で解決できるか
	ブランド適合…ブランドが目指す方向性と合致しているか
効果性	ニーズ解決度合…ニーズに応えられるか
	ベネフィット…便益を提供できるか（機能的・情緒的）
	インパクト…商品特徴を最大化するインパクトがあるか
ビジネス性	対象人数…解決施策に合致する（響く）顧客数
	収益性…コストに対する見返りが期待できるか（需要増加）

	社会人向け教育ビジネス	後期高齢者向け寺子屋	生き方を学ぶ、リベラルアーツ
実現可能性	○	○	△
効果性	○	○	○
ビジネス性	○	△	△
備考	高いブランド認知がプラスに働くセグメントであり、勤続年数が長期化する中でニーズも高い	高齢社会が進展し、健康寿命という社会テーマの意義は高い。収益確保が課題	知的好奇心を喚起できれば高齢男性のニーズを取り込める。ターゲット規模が課題
評価	◎第一優先	○次点	

一方で後期高齢者向け寺子屋は、ターゲット層が70代以上となりますので、こちらも増加が予想されますが、拡張性（他の年代への波及効果）という意味では社会人向け教育ビジネスよりも狭いといえます。生き方を学ぶ、リベラルアーツは50代60代が中心となるでしょう。前二者よりも人口ボリュームが少ないといえるでしょう（図表C3-6）。

当社の方向性として、ある程度ボリュームのあるターゲット層を狙っていきたいという思いがあるので、社会人向け教育ビジネスをイシューとして設定しました。

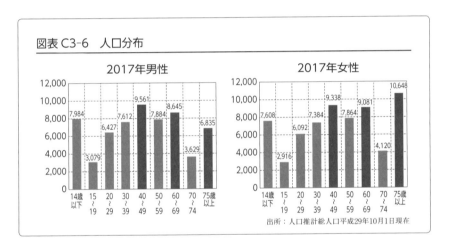

図表 C3-6 人口分布

◆ ターゲット特性を絞り込み提供価値を創造する

社会人向け教育ビジネスの顧客特性を図表C3-7に整理しました。

ビジネスパーソンにもいろいろなタイプがいますが、思うように出世の階段を登れる人は一握りです。与えられた役割をきっちりと果たしているものの今一つ物足りなさを感じている人は多いと思います。そうしたビジネスパーソンをターゲットに新事業を検討していきたいと考えます。

こうした特性を持ったビジネスパーソンの自己啓発に関するニーズとして、以下のものが考えられます。

図表C3-7　ターゲット顧客の特性

人口動態特性	年齢、性別	30代~50代の男女（女性はキャリア志向）
	職業、所得	ビジネスパーソン、中所得
	居住地	都市部に在住
	学歴	比較的高い
心理的特性	仕事に関する意識	与えられた仕事は求められる以上の成果を出すことを心掛けている。出世欲はあるが、最近は出世よりも仕事の意義を考える
	生活意識／習慣	意識としては家族との時間を大切にしたいと考えている
	ライフスタイル	生活水準は、中の上を維持し経済的に余裕のある生活を志向
	自己啓発に対する関与	勤務先の通信教育をいくつか受講。資格に興味はあるが本格的な勉強をしたことはない
行動特性	自己投資に対して	子供の将来のための貯蓄やレジャーなど家族優先のお金の使い方をしており自己負担での教育投資は少ない
	情報収集	インターネットで情報収集することが多い
	平日の時間の過ごし方	朝型のビジネススタイル。19時には帰宅、家族と過ごす
	休日の時間の過ごし方	家族サービスが多かったが子供の成長に伴い時間的な余裕ができてきた

- 仕事帰りや休日に学習やスキルアップしたい
- 現在の仕事より今後のキャリアアップの知識スキルを身につけたい
- 社会的に意義のある職業に関心がある（現在の生活水準のまま）
- 夢中になれる仕事がしたい
- 何のテーマを追求したらよいのかわからない
- 家計に負担がかからない程度で、自分のキャリアに対する投資をしたい
- 平日の時間を有効活用したい

現状に不満はないものの、このまま定年まで現在の仕事で過ごすモチベーションが低下している中高年は多いと考えます。そうしたビジネスパーソン向けに、

> **ビジネスパーソンのためのセカンドキャリア習得塾**
> セカンドキャリアのためのビジネススキル・知識が身につけられる
> 潜在能力を開花させ、輝かしい将来への道を切り開くことができる
> 現在の仕事をしながら準備を進めることができる

という価値を提供するのです。

◆ 競業企業を洗い出す

　提供する商品やサービスが成功するには、顧客ニーズを解決するだけでなく競合企業との差別化を図らなければなりません。現在検討している"ビジネスパーソンのためのセカンドキャリア習得塾"と競合する企業を洗い出します。直接競合する企業だけでなく、潜在ニーズで競合するトレードオフ競合と代替品・新サービスまで広げて探索していきます（図表C3-8）。

　直接競合は"ビジネスパーソンのためのセカンドキャリア習得塾"と真正面から競合となるビジネススクールや大学、大学院の学びなおしプログラムが挙げられます。スクールという点では自治体の運営するビジネス講座も競合となります。新しいスキルを身につけ自身のキャリアを向上させるための企業が競合となります。

　トレードオフは、資格取得が目的となっているスクールや、通信教育、パソコンなど特定スキルに限定された企業が競合として考えられます。どの企業もビジネススキルを向上させるという顕在ニーズに対応していますが、ビジネスのスキームが異なりますのでトレードオフ競合とします。

　潜在ニーズとしては、仕事だけでなく人生を改めて見つめなおすという点で、書籍やセミナー講演会、そして趣味の世界まで広がります。

図表 C3-8　競合企業

	企業・ブランド名	特徴	顧客価値
直接競合	ビジネススクール	専門的且つ体系的なコンセプチュアルスキルが身につく	一定期間集中してベーススキルを身につける事ができる
	大学・大学院の職業実践力育成プログラム	農業や IT、キャリアなど大学の先端知識スキルを学べる	ネームバリューがありセルフブランディングに役立つ
	自治体が開催しているビジネス講座	趣味からビジネススキルまで広く浅くメニューが揃っている	価格が安く近隣で通いやすい
トレードオフ競合	資格取得スクール	専門的な知識スキルの習得	履歴書に保有資格として記載できる
	ユーキャンなどの通信教育	ビジネススキルから趣味の領域まで幅広いメニューがある	自宅に居ながら学習できる
	Aviva などのPCスキル教育	パソコンの操作を学ぶことができる	資格試験を取得すれば保有資格として履歴書に記載
代替品・新サービス	自己啓発や人生観を説く書籍	偉人や成功者の考え方、人生観を学ぶことができる	時間に縛られず容易に意識変革できる
	著名人のセミナー、講演会	成功者の生の声を聴くことができる	短期間に容易に意識変革できる
	趣味としての音楽教室・料理教室等	人生の楽しみを味わうことができる	仕事以外の人生の価値を見出すことができる

3 ビジネスモデルの基本要素を整理する

　新事業を企画し事業展開していくには、ビジネスとして成り立つかどうかを、検証しなくてはなりません。いくらよいアイデアや社会的に意義のあるものでも、収益が思うように上がらなければ事業として存続することができません。検証のための基本要素は、①顧客価値、②業務プロセス、③競争優位、④収益、⑤外部環境の５つです。

　①顧客価値は、顧客を特定し、顧客に提供する価値は何かを明確にす

ることです。誰にでも受け入れられる商品やサービスは、もはやあり得ません。顧客と提供価値をしっかりと絞り込むことが重要です。

②業務プロセスは、顧客価値を支えるための業務オペレーションの基本構造をどのようにするか、ということです。生産、品質管理、営業、アフターサービスの流れをスムーズに展開することができるか、競合優位性を築くための機能に強みがあるのかということについて整理します。

③競争優位は、どのような企業が競合となるか？ その企業に対して、どのように優位性を持つか？ ということになります。顧客の立場で見た時に、自社と天秤にかける商品・サービスはどの企業のものなのか、ということと、その企業ではなく自社が選択される理由としてどのようなベネフィットを提供したらよいか、ということを考えておかなければなりません。

④収益は、誰から、どのように収益を得るのか？ということです。例えばGoogleの検索サービスのように商品・サービスを使用する直接のユーザーからでなく第三者（Googleの検索ページに広告を出稿する企業）から収益を上げることも可能です。

最後の⑤外部環境は、何故、このビジネスモデルが有効であるのか？ということです。前提条件としての環境変化要因はどのようなことがあるのか、ということを整理しておきます。

ニーズは環境変化があって生じるものです。"ビジネスパーソンのためのセカンドキャリア習得塾"で整理してみましょう。

これまでの分析、アイデア発想から①顧客価値や②業務プロセス、④収益、⑤外部環境はスムーズに記載できますが、③競争優位は具体的な競合企業を分析すると、少し考えなくては明記することができません。顧客である30代〜50代のビジネスパーソンはセカンドキャリアのための知識、スキルを習得した後まで、転職などキャリアアップまでフォローして欲しいというニーズがあります。ビジネススクールや資格取得スクールなどは、知識スキルは得られても、そこから先の転職活動や起業

図表 C3-9　ビジネスモデルの基本要素

1	顧客価値	→	顧客：30代~50代のビジネスパーソン、中所得 提供価値：セカンドキャリアを獲得するための実務的具体的な知識スキルを習得する
2	業務プロセス	→	フランチャイズシステムによる全国ニーズの取り込み 人材紹介会社との事業提携
3	競争優位	→	競合企業：ビジネススクール 優位性：転職マッチングや起業に必要な関連サービスも付加することで実用的なベネフィットを高める
4	収益	→	受講料 求人企業からの紹介手数料
5	外部環境	→	人生100年時代、就業年齢の高齢化に伴う中高年齢層の転職、起業ニーズの高まり

準備はまた別のことです。それらを一気通貫で提供することで受講者の実用的なベネフィットを高めることで競合企業との違いを出していくという考えです（図表C3-9）。

　収益についても塾で実際に学習する受講料に加えて、求人企業からの紹介手数料も期待できます。この辺りのバランスを考えていくことも課題です。例えば優秀な人材については思い切って受講料無償とするのも一策です。優秀な人材をさらに磨きをかけて優良企業へ送り込むということを広告宣伝におけるキーフレーズとするのもよいかもしれません。

4 » リスクを予測し備えを充実させる

◆ リスクマネジメント

　競合企業を想定し、顧客ニーズを捉えた価値創造の内容が整理出来た

ら、新規事業のリスクを想定します。**リスクとは将来への「不確かさ」と、その「影響」のことです。**そしてリスクマネジメントはその不確かな影響をいかに取り除き好ましくない事態に陥らないように事前に対処することであり、①新事業のリスクを広範囲に探索することから始めます（**リスクの発見**）。②そして挙げられたリスクの中から、対策をうったほうがよい重大なリスクを見出し（**リスクの評価**）、③対策を検討する（**対応策検討**）という手順です。

　①リスクの発見では、現段階でリスクとなるものを顕在化させることが目的となります。考えられるリスクを数多く挙げます。リスクの範囲としては、経済リスク、労務リスク、事故・災害リスク、訴訟リスク、政治リスク、社会リスクなどから抽出していきます。②リスクの評価は、リスクの重大さを明らかにし、管理の優先順位をつけるのが目的です。リスクが発生した際の"影響の大きさ"と"発生確率"を掛け合わせて評価します。マトリクスで評価しますので、座標軸を公平にするには、なるべく定量的な把握が望まれます。③の対応策検討で、優先順位の高いリスクについて、具体的な対応策を検討しておきます。対応策としては、"リスクの回避"、"リスクの移転"、"損害の予防"、"損害の低減"の4つの方向性が考えられます。"ビジネスパーソンのためのセカンドキャリア習得塾"で想定されるリスクを挙げてみました。

- 働き方改革の規制緩和（政府が企業活動への関与を薄める）
- 景気後退（働き方よりもリストラへ企業の関心が集まる）
- AI進展による人的労働の価値低減
- 天災による企業活動の停滞
- カリキュラムに対する受講生からのクレームを受ける
- 卒業生のレベルが低く紹介企業からのクレームを受ける
- 転職者、起業者の数が少なく、人材紹介事業が成り立たなくなる
- 受講生を思うように集客できない

- 求人企業を思うように集客できない

マクロ環境の観点や事業展開の観点からリスクを探索しました。抽出の基準としては、こんなことが起きたら新事業が立ちゆかなくなる、収益基盤が崩れるといったことを想定して抽出していきます。

♦ 重大なリスクに備える

リスクが抽出できた後は、リスクを発生頻度、重要度で評価を行い、最も重大なリスクを探索していきます（図表C3-10）。

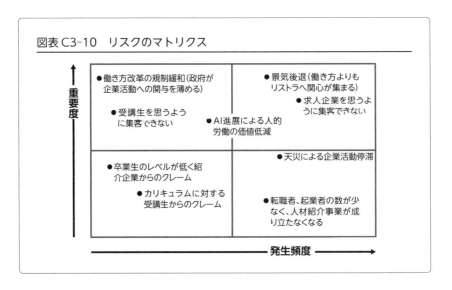

各リスクをマトリクスにプロットします。重要度も発生頻度も高い「景気後退（働き方よりもリストラへ関心が集まる）」と「求人企業を思うように集客できない」の2つのリスクを重大リスクとして設定しました。

では、対応策を検討してみましょう。リスクの回避、リスクの移転、損害の予防、損害の低減の4つの中から検討していきます。まず景気後退に関しては、環境変化要因ですから自社の努力で何とかできるもので

はありません。ですからリスク回避や移転は難しいでしょう。リスクによる損害をいかに低減するかを考えておくことが賢明です。景気が後退しても優秀な人材は景気に左右されず、いつの時代でも求められます。例えばデータサイエンティストや AI に強いエンジニアなどは景気動向に左右される類の人材ではありません。そうした社会から求められる人材の育成に特化したカリキュラム、コースを強化することで景気後退による損害を最小限にすることができるでしょう。

「求人企業を思うように集客できない」については、これまでの BtoC とは異なり、BtoB ビジネス、法人営業となりますのでノウハウが異なります。ですからリスクを移転するという観点で「人材紹介会社との事業提携」という方策が考えられます。さらに人材紹介会社に人材紹介業務をアウトソーシングするという契約にすると、リスクを完全に回避することもできます。

5 » 売上計画と利益計画

◆ 売上計画の算出

いよいよ新規事業企画も大詰めです。事業企画を仕上げるには、ビジネスですので目標設定が不可欠になります。定量的で論理的な説明がないことには社内稟議も決裁がおりません。まずは売上計画です。新事業で期待できる売上について検討していくのです。売上の基本的な算出ロジックは、以下のとおりです。

エンドユーザー数（受講者数）　×　１商品あたり金額（年間受講料平均）　×　普及率（意向率）

エンドユーザー数は、即ち"ビジネスパーソンのためのセカンドキャリア習得塾"に加入してくれる受講生です。その受講者数に単価と普及率を掛け合わせます。ポイントは普及率の見積もりです。

　マース（アメリカの大手食品会社）は、ドッグフードが普及していない状況の中で、「飼い犬数×年カロリー」によってドッグフードの市場規模を算出しました。当時のドッグフード市場規模ではなく残飯からドッグフードへすべて置き換わると仮定したことによって展開するビジネスの規模を拡張していったといわれています。

　マースの時代とは異なり、あらゆるものがコモディティ化している現代ではシェア100%は困難ですので、ターゲットに対してどの程度の普及率がとれるか予測していきます。

　"ビジネスパーソンのためのセカンドキャリア習得塾"の受講者数を算出してみましょう。ターゲットとなる30代～50代の人口がどの程度か？そして就業者がどの程度の割合であるのかを算出します。

　国勢調査を元にした性年代別のターゲット人口の推計は、30歳～59歳で、男性2,506万人 女性2,459万人います。その数に年代別の就業率をそれぞれ掛け合わせると、男性2,333万人、女性1,824万人、合計4,157万人となります。これがターゲットの母数になります。経産省「働き手向けアンケート調査結果」[3]によると30歳～59歳のビジネスパーソンのうち、転職を希望する人は全体の74.5%とあります。ターゲット就業者数4,157万人に掛け合わせると、3,097万人となります。

　そして「社外活動として（職業上のスキルや専門知識と関係のある）セミナー・勉強会」参加者は9.8%としています。セミナー、勉強会の中身はわかりませんが、スキルアップや、知識をつけるために何らかの活動をしている人に近いと捉え、セカンドキャリアのための知識やスキルを身につけようと考える人の割合を9.8%と推定します。

　前述の3,097万人に掛けると、303万人となります。これがマックスの顧客数です。この303万人すべてが"ビジネスパーソンのためのセカ

---

[3] http://www.meti.go.jp/committee/kenkyukai/sansei/jinzairyoku/jinzaizou_wg/pdf/003_04_00.pdf

ンドキャリア習得塾"を受講してくれればよいのですが、ビジネススクールもありますし、大学院、資格専門学校もあります。新参者が取れる普及率（シェア）はどの程度でしょうか？

初年度は認知率も低い（当初はゼロ）ので、存在すらも知られないでしょう。認知の次は"ビジネスパーソンのためのセカンドキャリア習得塾"の価値を理解してもらわなければなりません。そして価格的な負担や、時間的な制約があっても、セカンドキャリアのための知識スキルを身につけたいと魅力に感じる人が何人いるのかを算出します。それらを勘案し、実際に契約してくれる人を、転職意向のある人の内で、10人に1人に認知していただき、その内の10人に1人にコンセプトを理解し魅力に感じてもらう、そしてその10人に1人に実際に受講いただくという算段をしました。

認知率目標（10%）×コンセプト理解率（10%）×受講意向率（10%）= 0.1%
303万人×0.1% =約3000人

となります。これが初年度受講者目標数となります。

謙虚な比率に見えますが、実際には接するメディアの違いもありますし、社会人としてのスキルレベルの違いもありますので、1000人に1人受講いただければ万々歳という数字です。そして、導き出された人数に年間受講料金を掛け合わせます。月2万円とすると年間24万円で、

$$3000人 \times 24万円 = 7億2000万円$$

これが"ビジネスパーソンのためのセカンドキャリア習得塾"初年度売り上げ目標となります。

◆ 利益計画の算出

　次に利益計画です。新規事業によって生み出される売上から経費を差し引くことで営業利益を算出することができます。当然事業として展開しますので利益ベースに乗らなければ意味がありません。売上計画7億2000万円から必要経費を差し引きます。

　経費には商品・サービスの開発、生産に直接かかわる売上原価と、商品・サービスを販売するための販管費があります。

　売上原価としては、カリキュラム開発費や、講師へ支払う給与が該当します。一方販管費は、認知を高めるための広告宣伝費です。これらをすべて差し引いた金額が営業利益です。もちろんこの営業利益ベースでの単年度黒字が新規事業の実施可否の判断基準となります。初年度は認知度を高めるための広告投資がかかり、赤字となるでしょうが、次年度からは認知度の累積効果が期待できるので広告費は削減でき、黒字ベースに乗ります。

◆ ストレッチ目標とプロモーション戦略

　売上目標を設定しましたが、少し新事業としての事業規模としては物足りない気がします。論理的に考えると、ターゲットの0.1％の受講生獲得と、年間受講料24万円は妥当だと思いますが、少子化という構造的な危機を脱するには、もう少し欲しいところです。このような場合に、強制的に考えを深めるために、妥当な目標の3倍を設定してみましょう。3倍の目標を上げるにはどうしたらよいかと考えると抜本的で斬新な施策を導くことができます。"ビジネスパーソンのためのセカンドキャリア習得塾"で考えてみましょう。

　ストレッチ目標としては、3,000人×3倍＝9,000人の受講者数を獲得することになります。9,000人の受講生を獲得するためには、認知率を10％から20％へ、コンセプト理解率を10％から15％へ上方修正し

ないといけません。

303万人×認知率目標（20％）×コンセプト理解率（15％）×受講意向率（10％）＝ 9,000人

　月2万円とすると年間24万円で
9,000人×24万円＝ 21億6,000万円

を売上目標とします。

　認知率20％を確保するためにはどうしたらよいか、何をしたら実現するのか考えてみましょう。
　例えばドキュメンタリー番組を作るというのはいかがでしょうか？成功事例です。
　介護離職もキーワードの1つです。介護離職からのビジネス界への復活物語もよいかもしれません。できれば当塾卒業生がよいですが、最初のうちは実際にセカンドキャリアを実現したモデルを取材して、その経緯を短いストーリーで語るというのがよいでしょう。最初から過大なコストをかけず、まずはYouTubeやFacebookで拡散効果を狙います。Facebookは興味関心の個人フラグがありますから転職や起業に関心がある人へダイレクトなアプローチが可能となります。
　また日経ビジネスや週刊ダイヤモンドなど、ターゲットであるビジネスパーソンの接することの多いメディアへの露出も効果的です。できれば広告ではなく特集記事に織り込んでもらえるとよいでしょう。こうしたビジネス雑誌もデジタル化が進展していますので、まずは紙媒体の前にデジタル記事に載ることをめざしましょう。
　次にコンセプト理解率15％です。企業とのタイアップを考えてみましょう。対象がビジネスパーソンということでBtoCと決めつけてはい

けません。BtoB、つまり法人との契約も狙いましょう。働き方改革は企業側からしても必須の取組です。生産性を上げるために社員のスキルアップは必須です。経営意識を高めるための社内ベンチャー制度の取組を提案してもよいかもしれません。C社は幸いにして知名度は高いので大手企業でも簡単にアポイントメントは取れるでしょう。大手企業の働き方改革のアピールによるパブリシティ展開も狙えます。プレスで訴求すると認知度とともに理解度も高めることができます。価値伝達の枠組みを「プロモーション戦略シート」を使って整理しましょう（図表C3-11）。

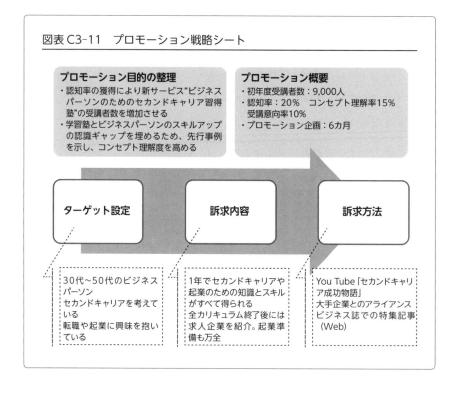

付　録

マーケターになるためのスキルトレーニング

1　マーケターとして必須の10のスキル

マーケターにはこれまで学んだマーケティングの知識やフレームワークの使い方だけでなく、様々なビジネススキルが求められる。

❶データ分析

実際にExcelなどの表計算ツールを使ってデータ分析できるようになること。本書ではExcelの使用方法など詳しい説明は省いているが、マーケターたるもの自分自身で簡単な分析ができるくらいのスキルは持ち合わせてほしいところ。最近のパソコンのソフトは使いやすく感覚的に操作できる。もちろんアンケート調査を実施した結果をデータ分析するのは、専門スタッフや外部の会社に任せればよいが、まだ人に任せられないレベルの考えは自分自身で分析できるようになりたいところ。
推薦図書：『よくわかる Microsoft Excel データ分析入門』（FOM出版）
　　　　　『マーケティングに役立つ統計の読み方』（蛭川速著、日本能率協会マネジメントセンター）

❷仮説思考

世の中のほとんどの事柄は、科学的に解明できていないという。いわゆる仮説である。飛行機が空を飛ぶことができるのも100％解明できているとはいえないらしい。ビジネスもそうで、誰も将来のことを予測することはできない。そのため「恐らくこうなるのではないか？」ということを現在の状況や、過去の動向から推察して備えを行うことで、望ましい成果を得ることに役立てるという思考プロセスである。仮説とは「現段階で最も起こる確率の高い仮の考え」と整理できる。現状をしっかりと分析し、過去からの流れと因果関係を整理していくことで精度の高い仮説を立てることができる。
推薦図書：『仮説思考』（内田和成著、東洋経済新報社）

❸ロジカルシンキング

これまで学んだマーケティングのフレームワークは論理的思考が枠組みとなっている。論理的思考の代表的な概念として帰納法と演繹法がある。帰納法はいくつかの事実から共通した要素を抽出する思考法で、例えば女性20代はビールをあまり飲まない、女性30代もあまり飲まない。男性20代もあまり飲まない、男性30代もあまり飲まない。という事実があるとすると、共通項である「ビールを飲まない」をキーワードとして束に括り、「20代30代の若年層はビールを飲まない」と

結論を見出す。一方で演繹法はA＝B、B＝Cの時、A＝Cという結論を導く思考法である。先ほどの例でいくと、X社の社員は平均年齢28歳の若い会社だ。20代30代の若年層はビールを飲まない。X社では社員同士でお酒を飲む機会が少ないとなる。これまで学んだ3Cやマーケティングミックスの考え方の大元の思考プロセスが理解できるようになる。
推薦図書：『ロジカル・シンキング』（照屋華子・岡田恵子著、東洋経済新報社）

❹ラテラルシンキング

　論理的思考は起こった事柄の共通項や因果関係などを探索し、次の施策に対応する活用方法をとるので、とても理にかなった考え方といえる。ただ、論理的思考にだけ頼っていたのでは他社との差別化が難しいことがある。そうした時に今までの定説からいったん目をそらして考えてみるのがラテラルシンキングである。例えば大容量で1杯あたりの容量が安価であるレギュラーコーヒー市場で価格下落が市場の大勢をしめているとしよう。ロジカルに考えればどの年代も安いレギュラーコーヒーを求めている。だから我が社も大容量で相対的に安価なコーヒーのバリエーションを増やそうということになる。

　こうなると市場が縮小してしまうのは明らかだが、ラテラルシンキングはコーヒーに対する関与度を切り口に市場を眺める。コーヒーロイヤル層は多少高くても美味しいコーヒーを飲みたいと考えているので、そうした層に対して1杯でもおいしいコーヒーを飲むことができる特殊フィルターを開発し高単価で販売することにした。このようにこれまでの常識や定説からいったん離れて新たな発想をする思考法がラテラルシンキングである。ロジカルシンキングが垂直思考というのに対してラテラルシンキングは水平思考といわれている。
推薦図書：『3分でわかるラテラル・シンキングの基本』（山下貴史著、日本実業出版社）

❺プレゼンテーション

　マーケターは企画を立てるだけが仕事ではない。むしろ企画を立てた後のほうが重要で、企画したことをそのとおりに実行し成果に結びつけなければならない。そのためには自分の考えを整理しキチンと説明し、相手を説得する必要がある。そもそも話し手と聞き手の興味関心は異なるので話し手はまず聞き手の関心がどこにあるのか、聞き手にとっての"効果"をまず考えて、話を組み立てることが必要である。話し方が論理的すぎると企画者の「思い」が伝わらないこともあり、反対に「あつい思い」だけでは相手を説得することができない。聞き手の性格や考え方、状況を踏まえて適切なアプローチをとることが必要である。

推薦図書：『マッキンゼー流 プレゼンテーションの技術』（ジーン・ゼラズニー／数江良一／菅野誠二／大崎朋子著、東洋経済新報社）

❻財務とファイナンス

経理部門のような実務的な会計知識は必要ないが、長期的な利益獲得のためにも、マーケターとしては儲けるロジックを体系的に知っておく必要がある。

経営資源であるヒト・モノ・カネ・情報が会計的にどのような分類をなされるのか、マーケティング施策によって企業利益の追求にどのように繋がるのかを感覚的に捉えられるとよい。BtoBならば顧客企業の財務内容を概観し、戦略との関連性から課題抽出と自社商品によるソリューションの提案を求められる。新事業要素が強ければ、新規事業の長期的な経済性を分析する必要や、資金調達に関してシミュレーションすることが求められる。

推薦図書：『決算書がおもしろいほどわかる本』（石島洋一著、PHP文庫）
『［新版］グロービスMBAファイナンス』（グロービス経営大学院編著、ダイヤモンド社）

❼傾聴力

ペルソナのニーズ探索には、生活実態や思考プロセスをバイアスなくしっかりと把握することが重要で、そのためには、"聞く"や"訊く"よりもさらに深い洞察に繋がる、"聴く"技術が欠かせない。ペルソナの発言する「ことば」の裏に隠れた"思い"や"こだわり"を発見するには、相手の発言に積極的に耳を傾け、潜在意識が浮かび上がるような適切な質問を投げかけることが有効である。聴く技術は、単に相手の発言を聴くだけではなく、相手が話しやすいような場を作り、相槌や仕草に気をつけ、同調や肯定的なリアクションをとることが求められる。

推薦図書：『マンガでやさしくわかる傾聴』（古宮昇著、葛城かえで シナリオ制作、サノマリナ作画、日本能率協会マネジメントセンター）

❽説得力

マーケティングは営業部門や商品開発部、研究開発、財務部門など関係各部署の協力なしには成し得ない。マーケターが企画した戦略や各種の施策を各部署に自律的に実行してもらうには、説得力のある話し方や、折衝方法、会議体の持ち方が必要とされている。

推薦図書：『マーケティングとは「組織革命」である。』（森岡毅著、日経BP社）

❾構想力

　事業戦略を立案するには、マーケティングから少し範囲を広げて考える必要がある。マーケティング施策の実現には、原材料の調達や、資金計画、アライアンスなど総合的な事業構想が欠かせない。マーケティングスキルを中核として事業企画を検討するにはビジネスモデルとして体系的に整理し各要素の関係を調整し、全体の精度をブラッシュアップしていくことが求められる。

推薦図書：『ビジネスモデル・ジェネレーション』（アレックス・オスターワルダー/イヴ・ピニュール著、翔泳社）

❿企画力

　企画は企（くわだて）を画（かく）すると書く。マーケターは、他部署や上司、部下メンバーを巻き込み自分の立てた施策を実現し、成果を上げなければならない。そのため誰が聞いても、その考え方は適切だ、自社にとって必要だと感じてもらう必要がある。新しいこと、現状を打破することができること、将来にとって必要なことなど人の心を打つような企画を立てるスキルを身につけよう。パワーポイントなどのテクニカルなスキルも必要だが、企画書の構成や資料のまとめ方についても標準的な手順を学んでおこう。

推薦図書：『[新版] グロービスMBAビジネスプラン』（グロービス経営大学院著、ダイヤモンド社）
　　　　　　『考具』（加藤昌治著、CCCメディアハウス）

2　マーケティング感覚の鍛え方① 時代の流れを掴む

　マーケティングの実践的な感覚を身につけるには、マーケティング優良企業を常時チェックすることが有効。世間で話題になっている商品サービスや企業動向を定点観測していくことで、世の中の動きを敏感に察知することができる。例えば花王やカルビー、コカ・コーラなどマーケティングに長けているといわれている企業を定点観測していく。企業選定は取引先や自社の関連するビジネスを行っている企業、もしくは単に好きなブランドでもかまわない。

　ベンチマークすべき情報は、企業のホームページから情報を収集する。上場企業であれば有価証券報告書の作成が義務づけられているので、IR情報のページからアクセスできる。

　有価証券報告書は決算期間における企業活動の成果を数字で見ることができる。事業の範囲や、事業期間における具体的活動、リスクなどについて文章で記載され

ているので、戦略を見出すことができる。基本的には文章と結果である数字を比較する。その整合性を把握することによって環境変化に対する対応を見ることができる。筆者はこのことを戦略Gapと呼んでいる。戦略Gapが何で、どのように克服していったらよいのか仮説を立てる、そして次期ベンチマーク企業の対応を検証するというやり方で定点観測していくと戦略思考や仮説思考が鍛えられる。

有価証券報告書は4半期に一度作成されるが、年度ベースでチェックすれば十分。さらに企業のホームページにはニュースリリースやお知らせコーナーがあるので、月に一度くらいのペースで覗いてみると、短期的な施策展開も知ることができる。新聞記事や雑誌の特集などもフォローしていくとさらに企業活動が見えてくる。ネットで新聞を購読していれば、キーワードを登録することで自動的にベンチマーク企業の情報を入手することもできる。

有価証券報告書は公的文書なので表現等が少しカタイと感じるかもしれない。他にはIR情報の中にある、投資家向けの「決算説明会資料」や「アニュアルレポート」がおすすめ。グラフやチャート、写真も豊富に使っており感覚的に理解することができる。

❸ マーケティング感覚の鍛え方② 仮説検証を回す

先述のように、仮説検証はとても大事な思考プロセスである。マーケティングに関わるデータ、特に自社にとって重要なFactを認識し、Findingを考察することで鍛えることができる。

マーケティング業務だけでなく日常生活でもスキルを強化することができる。例えば、プロ野球やJリーグなどのスポーツであれば、どのチームが優勝するか予想をたてることでも鍛えられる。解説者やキャスターの定性的な意見だけでなく、過去の成績や投手との対戦成績などの定量情報をもとにして予測可能である。結果がでたらなぜ勝てたのかを要因分析しよう。そして仮説と検証を繰り返し行うことで予測力は高まっていく。

対人関係でも仮説力を高めることができる。例えば上司に何か提案をしたときにどのような反応をするか、先回りしてレスポンスを考察してみよう。もしネガティブな反応が予測されるなら、何が要因となるのだろうか、どうしたら自分の考えに賛同してもらえるのかを検討してから対話に臨むと上司との関係性も少し変わってくるかもしれない。家庭内でも、妻や夫の行動をじっくりと観察し、次の行動を予測してみよう。機嫌が悪くなる前兆となる行動や状況を見つけることができるかもしれない。例えば日曜日の夜は、次の日の仕事のことを考えていて会話が上の空に

なっているかもしれない。これらの繰り返しで、仮説力は着実に高まる。

　営業職の場合は日々接するお客様に対して提案をしたときにどのような反応があるのか、事前に予測しておこう。「もし断られるとしたら（提案が）何が要因となるだろうか？」「競合企業はどんな条件を提示しているだろうか？」と考え、そうした要因が予測できたのならば、その要因をつぶす条件なり新たな提案のネタを仕込んだ会話を準備しておくと相手の反応に戸惑うことはないだろう。

　さらに日々データを収集すると改善や改良に役立つ。一番わかりやすいのはヘルスメーターで、毎朝決まった時間に体重を測定し、そして記録してみるとその要因がよくわかる。昨日は少し食べ過ぎたから体重が0.8kg増えたとか、ジョギングを頑張ったから0.3kg痩せたとか原因と結果が如実に表れる。よく「毎日ヘルスメーターに乗るだけで痩せる」といったことを聞くが、これはヘルスメーターに乗ることで現状を認識し、要因を考察して次の行動に自然と促されているということである。実をいうと筆者も毎朝ヘルスメーターにのって体重をスマホのアプリに入力している。簡単なアプリを使って毎日の食事内容とアルコール、運動量の記録をつけている。それだけで行動が変わり、お陰様で、1年間で8kgダイエットすることができた。

　最近はビジネスでも訪問件数やホームページの問い合わせ件数など先行指標を上手に使うことで、良好な結果を導くことがある。このように習慣化こそ強みとなる。常に要因や背景を考える癖をつけてみよう。

常にウォッチしていたい情報源

【e-Stat】 https://www.e-stat.go.jp/

　国が実施している統計調査のポータルサイト。統計データをExcelでダウンロードできるだけでなく、自分の好きなように表頭、表側を入れ替えてクロス集計できるDB機能がとても便利。過去にさかのぼって長期時系列の推移を見ることもでき、都道府県別、市区町村別にブレイクダウンしたデータを取得することもできる。

【RESAS】 https://resas.go.jp/#/13/13101

　RESAS（地域経済分析システム）は地方創生の一環として自治体が自主的に戦略展開するための地域データ分析を行うことを目的として制作されたサイト。ビジュアルなアウトプットは企画書作成にも役立つ。

　e-Statが統計表のダウンロードができるサイトに対して、RESASは地図情報が簡単に入手できるのが特徴。人口分布や流入流出がビジュアルにわかるアニメーション、更新頻度の高さ、スマホの位置情報やナビサイトの利用情報などを加工したマッピングなどがユニーク。

【生活定点】 https://seikatsusoken.jp/teiten/

　広告会社の博報堂が、1992年から2年間隔で実施している生活者の意識調査。同じ質問を繰り返し投げかけ、その回答の変化を定点観測している。時系列の生活者の意識の変遷がわかるのが特徴。マクロで使いやすく加工されたExcelファイルをダウンロードすることで、性年代別のクロス集計や、グラフ作成がボタン操作で簡単にできる。

　BtoC企業が、生活者の潜在ニーズを探索する際の環境変化要因の探索や、仮説検証におすすめ。

【統計ダッシュボード】 https://dashboard.e-stat.go.jp/

　総務省の提供しているサイトで、日本経済の動向を把握するのに役に立つ経済指標を一覧できる。GDPや物価など政府や日銀が注目する指標から金融市場の指標まで入手可能。漠然と考えている時など、ひとまとめで経済指標が一望できるので便利に活用できる。時系列にデータが整理されていて棒グラフや

折れ線グラフで推移がわかりやすく、特異点の抽出やトレンド変化に気づくきっかけとなる。グラフを確認できるだけでなく元データをExcelファイルでダウンロードできる。

【リサリサ】　https://www.lisalisa50.com/

　リサリサはリサーチ・リサーチの略で、インターネット上に散在するリサーチデータを集め（リサーチして）、情報をまとめたリサーチデータ情報サイト。企業や官公庁がリリースしている各種リサーチを中心に、豊富に二次データを掲載している。

　ブックマーク機能やテーマごとに特集を組んでいるので、関心のあるテーマを探すのに便利。

【ニッセイ基礎研究所】　http://www.nli-research.co.jp/?site=nli

　経済・金融・財政をはじめ、保険年金・社会保障、資産運用、不動産、経営・ビジネス、暮らし、高齢社会といった様々な領域の調査レポートが公開されている。経験豊富な研究者のレポートは時代の流れを捉えるうえで参考になる。論拠となっているオープンデータが出典情報として掲載されているので、情報収集のきっかけとしても活用できる。メルマガ登録すると新しいレポートのお知らせが届くので、世の中の動きを察知するうえで知見を広げることができる。

【その他ビジネス雑誌】

　日経ビジネスや週刊ダイヤモンド、週刊東洋経済、プレジデントなどは気になったテーマの週は購入したほうがよい（もちろんお金と時間が許すのであればすべて並べて一読できるにこしたことはない）。どの雑誌も過去の特集記事をインターネットで情報提供しているのでメルマガ登録しておくと気になるテーマをタイムリーに情報収集することができる。

　　日経ビジネス　https://business.nikkei.com
　　PRESIDENT Online　https://president.jp/
　　ダイヤモンド・オンライン　https://diamond.jp/
　　東洋経済オンライン　https://toyokeizai.net

索 引

あ

アーリーアダプター‥‥‥‥46, 70, 88
アイデア発想‥‥‥‥‥‥‥53, 169
アイデンティファイア‥‥‥‥‥76
アウトバウンド‥‥‥‥‥‥‥‥91
アクションプラン‥‥‥‥‥‥147
アドネットワーク広告‥‥‥‥‥84
アニュアルレポート‥‥‥‥‥192
アフィリエイト広告‥‥‥‥83, 84
アンケート調査
‥‥‥‥68, 87, 104, 113, 124, 177
アンゾフ（H. L. Ansoff）‥‥144, 145, 154
イシュー‥‥‥‥‥‥‥‥‥‥144
イシューアナリシス‥‥‥59, 60, 218
イシューツリー‥‥‥59, 144, 145, 146
1次データ‥‥‥‥‥‥‥‥‥104
イノベーター‥‥‥‥‥‥‥46, 70
インストリーム型‥‥‥‥‥‥‥89
インターネット広告‥‥‥‥78, 79, 83
インターネット調査‥‥‥‥124, 125
インタビュー‥‥‥‥‥‥124, 205
インタビューフロー‥‥‥‥127, 206
インバウンドマーケティング‥‥‥91
インフィード型‥‥‥‥‥‥‥‥89
インフルエンサーマーケティング‥‥90
ウォンツ‥‥‥‥‥‥‥‥‥‥‥46
売上計画‥‥‥‥‥‥‥‥‥‥227
売り手‥‥‥‥‥‥‥‥137, 138, 139
営業戦略‥‥‥‥‥‥‥‥‥‥132
営業力‥‥‥‥‥‥‥‥‥140, 141
エネルギーコスト‥‥‥21, 54, 62, 88
エバンジェリスト‥‥‥‥‥‥‥91
エンドユーザー
‥‥‥‥21, 22, 62, 206, 207, 227, 228
オムニチャネル‥‥‥‥‥‥‥101
卸売業‥‥‥‥‥‥‥‥‥‥‥‥94

か

解決質問（Need-Payoff questions）
‥‥‥‥‥‥‥‥‥208, 209, 210
解釈のFinding‥‥‥‥‥‥‥117
買い手‥‥‥‥‥‥‥‥‥137, 139
外部環境‥‥‥‥‥‥‥‥‥‥223
価格（price）
‥‥‥‥21, 24, 38, 39, 40, 54, 62, 67
価格設定‥‥‥‥‥‥‥64, 171, 172
価格プレミアム‥‥‥‥‥‥‥‥73
拡張性‥‥‥‥‥‥‥‥32, 164, 165
カスタマージャーニー‥‥‥‥84, 85
仮説‥‥‥‥‥‥‥‥‥‥‥‥134
仮説検証‥‥‥‥‥‥‥109, 177, 238
仮説思考‥‥‥‥‥‥‥‥234, 237
仮説力‥‥‥‥‥‥‥‥‥‥‥238
価値創造‥‥‥‥‥‥‥‥‥‥‥20
価値伝達‥‥‥‥‥‥‥‥20, 21, 78
価値の連鎖（バリューチェーン）‥‥141
カテゴリー計画‥‥‥‥‥‥‥‥92
環境分析‥‥‥‥‥‥‥‥‥‥134
感情的ベネフィット‥‥‥‥20, 45, 46
間接販売‥‥‥‥‥‥‥‥‥‥‥94
機会（Opportunity）‥‥‥‥142, 143
企画力‥‥‥‥‥‥‥‥‥‥‥237
企業環境‥‥‥‥‥‥‥‥‥‥140
企業環境分析（内部環境分析）‥‥23, 140
記号的ベネフィット‥‥‥‥21, 45, 46
技術科学的要因（Technology）
‥‥‥‥‥‥‥‥‥‥‥‥136, 137
技術戦略‥‥‥‥‥‥‥‥‥‥132
技術力‥‥‥‥‥‥‥‥‥‥‥140
規模‥‥‥‥‥‥‥‥‥‥189, 190
キャンペーン‥‥‥‥‥‥‥‥‥81
脅威（Threat）‥‥‥‥‥‥142, 143
業界環境分析（5フォース分析）
‥‥‥‥‥‥‥‥‥‥‥‥137, 138
業界内競争業者‥‥‥‥‥137, 138

242

索　引

業界標準	140
供給業者	139
競合基準	62, 64, 171
競合商品（Competitor）	35
競争力	98, 99
業務プロセス	140, 141, 223
クーポン	83
経営戦略	132
計画	132
計画購買	92
経済的コスト	54
経済的要因（Economics）	136
傾聴力	236
景品	83
決算説明会資料	192
顕在ニーズ	37, 53, 54
コア・アイデンティティ	76
コアベネフィット	75
構成比	113
構想力	236
交通広告	83, 175
行動変数	163
購入意向	86
購買行動	86
購買動機	82
小売業	94
顧客インタビュー	126, 127
顧客価値	222
顧客志向	26
顧客情報	96
顧客ニーズ（Customer）	35
顧客の顧客	197
顧客ロイヤルティ	73
コスト	20, 21, 44, 54, 62
コスト基準（方式）	62, 63, 171
コストパフォーマンス	62
コストプラス方式	63
コストリーダーシップ戦略	149, 150
固定観念検証法	56
コトラー（P. Kotler）	22, 27, 31, 32, 47, 151

コモディティ化	54, 175
コモディティ型	46
コンジョイントカード	68, 69
コンジョイント分析	65, 67, 68, 69
コンセプト	166, 180
コンセプトシート	53, 60, 206, 207
コンセプトテスト	125, 179, 180
コンセプト理解率	231

さ

最高価格	66, 67
最低品質保証価格	66, 67
サイレントマジョリティ	122
雑誌（広告）	83, 174
サブスクリプション	52
差別化戦略	149, 150
3C	34, 35
サンプリング	83
サンプルデータ	106
シーズ	49, 58, 186
シーズ応用型	47, 48
シーズ訴求	46
時間的コスト	21, 54, 62, 88
事業戦略	132
示唆質問（Implication questions）	208, 209, 210
自社（Company）	35
市場価格追随法	64
市場浸透（戦略）	144, 154
実行可能性	165
実用的ベネフィット	20, 45
シナジー効果（相乗効果）	40
社会文化的要因（Society）	136, 137
収益性	163, 164, 165, 189
集中戦略	149, 150, 151
重点代理店	98
状況質問（Situation questions）	208, 210
消費財	18
商品（Product）	24, 38, 39, 40
商品カテゴリー	20, 51

243

商品コンセプト ………… 53, 60, 172
商品戦略 ………………………… 132
商品力 …………………………… 140
初期採用層 ……………………… 179
新規参入業者 …………… 137, 138
人口動態変数 ……………… 27, 163
新サービス ………………… 37, 222
新市場開拓（戦略）… 144, 145, 155, 211
人事戦略 ………………………… 132
新商品企画 ……………………… 160
新製品開発（戦略）…… 144, 154, 155
新聞 ………………………………… 83
信頼段階 …………………… 74, 75
心理的コスト ……… 21, 54, 61, 88
心理的変数 ……………………… 163
衰退期 ……………………… 50, 51
スイッチャー …………… 161, 162
スキミング戦略 …………………… 70
ストレッチ目標 ………………… 230
政治法律的要因（Politics）… 135, 136
成熟期 ………………… 50, 51, 52, 71
製造ノウハウ ……………………… 75
成長期 ………………… 50, 51, 52, 71
成長性 …………………… 164, 165, 189
製品志向 ………………………… 26
セグメンテーション ……… 23, 27, 28, 29, 30, 31, 33, 162, 163, 236
説得力 …………………………… 236
潜在顧客 ………………………… 91
潜在ニーズ
　…… 37, 53, 54, 56, 123, 138, 207, 208
戦術 ……………………………… 131
戦略 ……………………… 130, 131, 132
戦略思考 ………………………… 237
戦略的プロダクトアウト
　………………… 48, 49, 186, 187
相関分析 ………………… 108, 114
増減率 …………………………… 113
ソーシャルリスニング …… 121, 122
訴求内容 ………………………… 82
訴求媒体 ………………………… 174

ソフトファクト ………………… 120
ソリューション型営業活動 ……… 209
損益分岐点法 ……………… 63, 64

た

ターゲット顧客 ……… 33, 34, 38, 47, 54, 56, 74, 78, 81, 96, 167, 171, 220
ターゲティング ………… 23, 31, 33
タイアップ ……………………… 231
対象者 …………………………… 68
代替品 …………… 37, 38, 137, 138, 222
代表値 …………………………… 113
ダイレクト営業 ………………… 207
ダイレクトメール ………………… 91
多角化（戦略）………… 144, 154, 155
妥協価格 ………………………… 67
他社理没段階 …………………… 73
知覚価値基準 ……… 62, 64, 65, 171
チャネル（Place）……… 24, 40, 64, 65, 77, 94, 96, 101, 144, 182
チャネル展開 …………… 78, 94, 95
チャレンジャー ………… 152, 153
調査企画書 ……………… 177, 178, 179
調査票 …………………………… 177
直接競合 ………………… 37, 222
地理的変数 ……………………… 163
強み（Strength）………… 142, 143
ディストリビュータ ……………… 95
定量データ ……………… 133, 191
データ分析 ……………… 133, 234
適合性 …………………… 165, 189
デジタルマーケティング … 25, 101, 102
デスクリサーチ ………………… 191
テレビCM ……… 78, 79, 82, 83, 93, 174
テレマーケティング ……………… 91
転換率 …………………………… 87
店頭プロモーション活動 ………… 93
動画広告 ………………………… 83
動画コンテンツ ………………… 89
同行営業 ………………………… 94
導入期 ……………………… 50, 51

索 引

独自性 …………………………… 164
トップボックス ………………… 126
ドラッカー（P. F. Drucker）……… 19
トレードオフ競合 ………… 37, 221, 222
トレンド分析 ………………… 108, 109

な

中吊り広告 ………………………… 83
ニーズ・シーズマトリクス ………… 58
ニーズ先行型 …………………… 47, 48
ニーズ探索 ………………………… 54
ニーズの幅 ………………………… 34
ニーズの深さ ……………………… 34
2次データ ……………… 104, 126, 191
ニッチャー ……………………… 153
認知 ………………………………… 86
ネガティブ回避 ………………… 82, 88
ネットリサーチ ………………… 177
年間取組計画 ……………………… 83
納品形態（Delivery）…………… 62

は

パーチェスファネル …………… 86, 87
ハードファクト ………………… 120
バイヤー・エクスペリエンス・サイクル
………………………………… 54
パッケージデザイン ……………… 87
バナー広告 ……………………… 82, 89
パネル調査 ……………………… 160
パブリシティ ………………… 80, 81, 174
販売促進（Promotion）→プロモーション
販売代理店 ……………………… 94
販売チャネル（Place）
………… 38, 40, 41, 94, 96, 97, 172
比較分析 ……………… 108, 110, 111
非計画購買 ……………………… 92
評価項目 ………………………… 163
品質（Quality）………………… 62
ファイナンス …………………… 236
5フォース ……………… 137, 140, 192
フォロワー ……………………… 153

普及率 …………………………… 227
フランチャイズ ……… 204, 205, 214, 215
ブランディング ………………… 73, 75
ブランド ………… 72, 73, 74, 87, 92, 93
ブランド計画 …………………… 92
ブランド再生段階 ………………… 74
ブランドサイト ………………… 82, 83
ブランド再認段階 ………………… 74
ブルーオーシャン ……………… 170
ブレーンストーミング …………… 57
プレゼンテーション ……………… 235
プロダクトアウト ……… 26, 48, 171
プロモーション
………… 24, 38, 39, 40, 78, 81, 87
プロモーション機能 ……………… 96
プロモーションコンセプト … 81, 85, 86
分析計画書 …………………… 177, 179
米国マーケティング協会 ……… 20, 72
ペネトレーション戦略（浸透価格設定）
…………………………………… 71, 72
ベネフィット ……… 20, 44, 45, 46, 186
ペルソナ ………… 167, 168, 169, 177
訪問面接法 ……………………… 125
ポーター（M. E. Poter）……… 137, 149
ホール（S. R. Hall）……………… 80
ポジショニング
……… 23, 24, 25, 30, 33, 41, 42, 74, 75
ポジティブ訴求 ………………… 82, 88

ま

マーケットイン ………………… 171
マーケットリーダー追随法 ………… 64
マーケティングミックス
……… 22, 23, 24, 38, 40, 41, 146, 173, 182
マーケティング目的 …………… 143, 144
マーケティングリサーチ ………… 124
マクロ環境 ……………………… 135
マクロ環境分析 ………………… 216
マジョリティ ……………………… 46
マッカーシー（E. J. McCarthy）…… 24
マルチチャネル ………………… 101

245

見える化 …………………… 32, 33
未公開データ ……………………104
魅力 ………………………… 86
魅力度 …………………… 98, 99
問題質問（Problem questions）……208

や

有価証券報告書 …………192, 237, 238
要因のFinding ……………………118
予測するFinding ……………………118
4つの「不」 ……………… 54, 55
弱み（Weakness）…………142, 143
4 P ……………………24, 38, 94

ら

ラジオ ………………… 40, 76, 83
ラテラルシンキング ………………235
リーダー（業界1位）………152, 153
利益計画 ……………………230
リスク ……………………225, 226, 227
リスクマネジメント ………………225
リスティング広告 ……………… 83, 84
理想価格 …………………… 66, 67
リターゲティング広告 …………… 83, 84
リベート ……………………… 83
リポジショニング …………………… 52
留置法 ……………………125
流通 ……………………… 95, 96
流通経路 …………………… 94
レビット（T. Levitt）……………… 26
ロイヤルカスタマー ………… 52, 161
ロイヤルティ ……………………161
ロジカルシンキング ………… 59, 234
ロジスティクス …………………… 96
ロジックツリー …………………123, 124
ロングセラーブランド ………… 75, 76

アルファベット

AIDMA ………………78, 79, 80, 81
AISAS ………………………… 80, 81
BtoB 企業 ………44, 60, 62, 81, 90, 91, 120, 126
BtoB 市場 ……………………186, 187
BtoBtoC ……………………………206
BtoBtoC 企業 …………………… 62
BtoB マーケティング ……………207
BtoC 企業 ……18, 92, 120, 162, 240
EC ……………………… 95, 96, 102
Fact-Finding ……53, 117, 118, 119, 192
LTV ………………………… 30
O2O ……………………………102
PDCA サイクル ……………………181
PEST …………………135, 192, 215
PLC ……………………50, 51, 70, 71
POP ……………………… 92, 93
PSM 分析 …………………… 65, 66
QCD ……………………………… 62
QTC ……………………………141
SEO ……………………… 83, 84
SIPS ……………………… 80, 81
SNS ………………………22, 37, 38, 41, 80, 81, 83, 84, 89, 101, 121, 176, 181
SNS 広告 ……………………… 83, 84
SPIN ……………………………208
STP ………22, 25, 38, 39, 40, 52, 53, 60
SWOT 分析 …………………142, 143, 144
USP ……………………35, 60, 82, 83
Web 広告 ……………………… 83, 175

【著者プロフィール】

蛭川　速（ひるかわ・はやと）

㈱フォーカスマーケティング 代表取締役。
中小企業診断士。

1969年生まれ、1991年、中央大学商学部卒業後、㈱常陽銀行に入行し、中小企業向け金融業務に携わり企業経営の基本を学ぶ。多くの経営者とふれあうことにより「金融を含めた経営全般、事業活動」に興味を抱く。その後企業のマーケティング支援活動を行う㈱マーケティング研究協会に転職。主に大手企業のマーケティング部門、企画部門への商品企画や販促企画のコンサルティング案件に携わる。2012年5月から現職。

マーケティング支援経験20年をもとにして、実務で活かせるマーケティング戦略を提唱。マーケティング実務支援コンサルティングとマーケティングリサーチ支援を行っている。ビジネスセミナーや企業研修講師としても活躍。

「マーケティングは仮説設定が全て」を信条として、定量データから仮説を設定するプロセスを構築。世の中に氾濫する多くの情報の中からマーケティングに役立つ価値ある情報を見極め、データの意味している事や、背景、要因を読み解き、施策へ展開する手法を考案。企業実務での支援活動に注力している。

著書に『マーケティングに役立つ統計の読み方』（日本能率協会マネジメントセンター）、『社内外に眠るデータをどう生かすか』（宣伝会議）、『使えないとアウト！30代からはマーケティングで稼ぎなさい』（明日香出版社）などがある。

基本がわかる　実践できる
マーケティングの基本教科書

2019年4月10日　初版第1刷発行

著　者──蛭川　速
　　　　　Ⓒ2019 Hayato Hirukawa
発行者──張　士洛
発行所──日本能率協会マネジメントセンター
〒103-6009 東京都中央区日本橋2-7-1　東京日本橋タワー
TEL 03(6362)4339（編集）／03(6362)4558（販売）
FAX 03(3272)8128（編集）／03(3272)8127（販売）
http://www.jmam.co.jp/

装　　丁──冨澤　崇（EBranch）
本文DTP──株式会社森の印刷屋
印刷・製本──三松堂株式会社

本書の内容の一部または全部を無断で複写複製（コピー）することは、法律で認められた場合を除き、著作者および出版者の権利の侵害となりますので、あらかじめ小社あて許諾を求めてください。

ISBN 978-4-8207-2718-7 C2034
落丁・乱丁はおとりかえします。
PRINTED IN JAPAN

JMAMの本

基本がわかる 実践できる
マーケティングリサーチの手順と使い方［定性調査編］

生活者の「生の声」を
知ることができる
深掘り調査の全容！

アウラマーケティングラボ
石井 栄造 著

A5判ソフトカバー　212ページ
［発行形態：単行本／電子書籍］

インタビュー調査の際、何に気をつけて進めていけば効率と精度があがるか、丁寧に解説。実務家の方が使いやすいように、業務オペレーションに従って記述。定量調査だけでは見えてこない、消費者のホンネを聞き出す定性調査の全体像を把握するための必読の一冊！

［主な目次］
第1章　定性調査の特徴と特性／第2章　インタビュー調査の体系／第3章　定性調査の進め方／第4章　インタビューの実務ポイント／第5章　定性調査の使い方／第6章　ネット活用の定性調査／終章　定性調査はこれからどうなっていくのか／付録　報告書の例

JMAM 出版　で検索！　試し読みができます！

日本能率協会マネジメントセンター